그 영어,

Quizzes Make It Clear! How Your English Sounds to Native Speakers · 5

네이티브에게는
이렇게 들린다 ⑤

David A.Thayne · Koike Nobutaka 지음 / 양영철 옮김

북스넛

머리말

그동안 배운 네이티브 영어를
종합적으로 테스트한다

이 책은 베스트셀러 『그 영어, 네이티브에게는 이렇게 들린다』 시리즈의 최종 완결판이다. 이 시리즈는 큰 인기를 모아 왔다. '너무 웃어서 배가 아팠어요', '영어를 잘 못하지만 좋아하게 되었어요', '잘하는 편이지만 몰랐던 것도 많아 도움이 많이 됐어요'라는 의견이 쇄도했다. 그 중에서도 '꼭 후속편이 나왔으면 한다'라는 의견이 가장 많아 지금까지의 내용을 종합적으로 점검하는 차원에서 퀴즈편을 발간하게 되었다.

앞의 시리즈와 마찬가지로, 자주 사용되고는 있으나 네이티브에게는 이상하게 들리거나 전혀 다른 뜻으로 이해되는 예문들을 모아 보았다.

종합 퀴즈편의 특징은 즐겁게 공부할 수 있도록 퀴즈 형식을 취하고 있다는 점이다. 퀴즈 형식이라서 뉘앙스의 차이도 더 이해하기 쉬울 것이다.

예를 들면,

Do you understand?
Did you understand?

이 두 표현은 단순히 현재형과 과거형이 아닌 놀랄 만한 차이를 갖고 있다.

Would you mind...가 Would you...의 정중한 표현이라고 생각하는 사람들이 많을 것이다. 하지만 상황에 따라서는 전혀 반대의 뜻이 될 수도 있다.

I'll go talk to the manager.
I'll go speak to the manager.

위의 표현에서 talk와 speak의 차이로 뉘앙스는 어떻게 바뀌게 될까? 이 외에도 finish와 end, eventually와 finally 등은 서로 비슷한 뜻의 단어로서, 어느 것을 써도 의미 전달에 있어 크게 차이가 나지 않을 것이라고 생각하고 있지는 않은가?

같은 단어라도 복수를 쓰느냐 단수를 쓰느냐에 따라 전혀 다른 뜻이 되기도 한다.

I like cats.
I like cat.

'고양이를 좋아한다'라고 할 때는 어느 쪽이 정답일까? 잘못 썼다가는 당신의 인격이 의심을 받을 수 있다.
정중한 단어를 사용한다는 것이 비꼬는 말이 된다거나, 비슷한 뜻이라고 생각하고 사용한 단어가 전혀 다른 뉘앙스를 갖는 경우도 있다. 단어 하나 차이로 이렇게까지 뜻이 달라진다는 사실에 당신은 다시 한 번 놀라게 될 것이다.
특히 이 책에서는 독자들의 많은 요청이 있었던 영국식 영어와 미국식 영어의 차이도 정리했다. 비교하다 보면 두 나라 간의 문화적 차이도 이해하게 될 것이다.

PART I
Which is right?
이렇게 뜻이 다르다니

일상회화 속 의외의 함정　　　　　　　　　section 1

- 지금 몇 시예요? ··· 013
  ① Do you have time?
  ② Do you have the time?
- 창문 좀 닫아 줄래! ······································ 015
  ① Close the window.
  ② Close that window.
- 콜라 하나 사다 줄래? ··································· 017
  ① I'd like a coke.
  ② I'd like coke.
- 생선회를 좋아해요. ····································· 019
  ① I like sashimi.
  ② I like raw fish.
- 쇠고기도 있어요? ······································· 021
  ① Do you have beef?
  ② Do you have a beef?
- 좀 빨리 해 주세요. ······································ 023
  ① I'm in a hurry.
  ② I'm in a hurry, please.
- 잊은 건 없지? ·· 025
  ① Am I missing anything?
  ② Am I missing something?
- 시카고에서 비행기를 갈아탔어요. ················· 027
  ① We changed planes at Chicago.
  ② We changed our plane at Chicago.
- 같이 한잔 마시러 갈래요? ···························· 029
  ① Let's go get a drink.
  ② Let's go drinking.
- 철자를 가르쳐 주세요. ································· 031
  ① What's the spell?
  ② What's the spelling?
- 그만 잘까? ·· 033
  ① Let's go to bed.
  ② Let's got to the bed.

CONTENTS

상대를 화나게 한다   section 2

- 몸무게가 얼마야? ·· 035
  ① How much do you weigh?
  ② How heavy are you?
- 정말 안됐구나. ·· 037
  ① That's too bad.
  ② That's very bad.
- 너 정말 머리가 좋구나! ·· 039
  ① Aren't you smart?
  ② You are smart, aren't you?
- 그 정도로 잘하지는 못해. ·· 041
  ① It's nothing.
  ② That's nothing.
- 그런 것 같아. ··· 043
  ① I think so.
  ② Maybe so.
- 무슨 말이 하고 싶은 거니? ······································ 045
  ① Please explain what you mean.
  ② Please explain yourself.
- 그렇게 해. ·· 047
  ① You'd better.
  ② You need to.
- 좀 더 체력을 키워야겠군. ······································· 049
  ① You'd better get in shape.
  ② You'd better shape up.
- 2시 약속이었던 거 아냐? ·· 051
  ① I believe we were supposed to meet at 2:00.
  ② I think we were supposed to meet at 2:00.

잘못 말하면 정반대의 뜻   section 3

- 아니에요. ··· 053
  ① Don't think of it.
  ② Think nothing of it.
- 무슨 일이야? ··· 055
  ① What's the matter with you?
  ② What's the matter?
- 아직 가능성은 있어. ··· 057
  ① You never know.
  ② You'll never know.

- 그 사람한테 신세를 많이 졌거든. · 059
  ① He did something for me.
  ② He did something to me.
- 조금은 도움이 될 거야. · 061
  ① There is a little I can do.
  ② There is little I can do.
- 열심히 해. · 063
  ① Please work harder.
  ② Please keep up the good work.
- 이제 그만 가 봐. · 065
  ① You can go now.
  ② I'm going to let you go.
- 혼자 놀고 있어. · 067
  ① He is playing by himself.
  ② He is playing with himself.
- 방에서 누가 담배 피웠지? · 069
  ① Somebody was smoked in the room.
  ② Somebody was smoking in the room.
- 못 견디게 보고 싶어! · 071
  ① I'm anxious about seeing him.
  ② I'm anxious to see him.
- 재활용에는 별로 관심이 없어서. · 073
  ① I don't think much about recycling.
  ② I don't think much of recycling.

같은 뜻이 아니었다 section 4

- 충분히 많이 먹었어. · 075
  ① I've had plenty.
  ② I've had enough.
- 치즈 썰었어. · 077
  ① I sliced the cheese.
  ② I cut the cheese.
- 난 샐러드를 만들게. · 079
  ① I'm going to cook a salad.
  ② I'm going to make a salad.
- 꽃병은 테이블 위에 장식해 줘. · 081
  ① Place the vase on the table.
  ② Put the vase on the table.
- 지배인한테 말해 봐야겠어. · 083
  ① I'll go talk to the manager.
  ② I'll go speak to the manager.

CONTENTS

- 지난주에 스페인어를 배웠거든. · 085
  ① I learned Spanish last week.
  ② I studied Spanish last week.
- 아드님이 정말 훌륭하네요. · 087
  ① Your son is special.
  ② Your son is a special person.
- 정말 부끄러웠어. · 089
  ① I was so embarrassed.
  ② I was so ashamed.
- 왔으면 좋겠는데 못 오겠지? · 091
  ① I doubt that he will come.
  ② I suspect that he will come.
- 할머니는 결국 돌아가셨어요. · 093
  ① My grandmother eventually died.
  ② My grandmother finally died.
- 이쯤에서 한숨 돌립시다. · 095
  ① Let's take a break.
  ② Let's take a rest.
- 회의를 끝냅시다. · 097
  ① Let's finish the meeting.
  ② Let's end the meeting.
- 바로 집에 갔는데. · 099
  ① I returned home.
  ② I went home.
- 나한테 묻지 마. · 101
  ① Don't question me.
  ② Don't ask me.

학교에서 잘못 배운 영어가 실수를 만든다   section 5

- 아저씨, 좀 서둘러 주세요. · 103
  ① Will you hurry?
  ② Please hurry.
- 불 좀 꺼 줄래? · 105
  ① Would you mind turning off the lights?
  ② Would you turn off the lights?
- 스키 타러 가자! · 107
  ① We could go skiing.
  ② Maybe we could go skiing.
- 파티를 열자! · 109
  ① We need to have a party.
  ② We should have a party.

- 같이 가자. ··········· 111
  ① Would you mind coming with me?
  ② Would you care to come with me?
- 무슨 일로 왔어? ··········· 113
  ① What are you doing here?
  ② Why are you here?
- 어떻게 그런 걸 알고 있어요? ··········· 115
  ① How would you know?
  ② How do you know?
- 좀 도와 주세요. ··········· 117
  ① Can you help me?
  ② Could you help me?
- 기꺼이 도와 줄게! ··········· 119
  ① I'd be happy to help you.
  ② I'm willing to help you.

겨우 한 단어 틀렸을 뿐인데 section 6

- 내 생각해야 돼. ··········· 121
  ① Think of me.
  ② Think about me.
- 심심해. ··········· 123
  ① I'm boring.
  ② I'm bored.
- 대부분 내가 이겼어. ··········· 125
  ① I almost won.
  ② I mostly won.
- 그녀에게는 애가 있어. ··········· 127
  ① She is with child.
  ② She is with a child.
- 그녀가 돈을 훔치는 걸 봤어요. ··········· 129
  ① I saw her take the money.
  ② I watched her take the money.
- 회사를 그만뒀어. ··········· 131
  ① I quit my job.
  ② I quit my company.
- 변호사를 만나고 왔어. ··········· 133
  ① I met a lawyer.
  ② I met with a lawyer.
- 부탁이야. 3시까지 이 컴퓨터 좀 고쳐줘. ··········· 135
  ① Please fix this computer until 3:00.
  ② Please fix this computer by 3:00.

CONTENTS

- 봐 이렇게 하는 거야. · 137
  ① I'll tell you how.
  ② I'll teach you how.
- 친구와 저녁 약속이 있어. · 137
  ① I'm going to have dinner with a friend.
  ② I'm going to have dinner with my friend.
- 전화하라고 할게요. · 141
  ① I'll have her call you.
  ② I'll make her call you.
- 그러세요. 괜찮습니다. · 143
  ① I don't mind.
  ② I don't care.

한국어로 생각하지 말자 section 7

- 도저히 안 될 것 같아. · 145
  ① Slim chance.
  ② Fat chance.
- 난 아무렇지 않아! · 147
  ① I could care less.
  ② I couldn't care less.
- 사고가 있었어. · 149
  ① I had an accident.
  ② I was in an accident.
- 당황할 것 없어. · 151
  ① Don't lose your head.
  ② Don't lose your mind.
- 제가 하는 영어 알아듣겠어요? · · · · · · · · · · · · · · · · · · 153
  ① Do you understand?
  ② Did you understand?
- 어떤 것 같아? · 155
  ① How do you think?
  ② What do you think?
- 존은 예전에 교사였어. · 157
  ① John used to be a teacher.
  ② John was a teacher.
- 미리 예정표를 만들어 왔어요. · · · · · · · · · · · · · · · · · 159
  ① I made a schedule before.
  ② I made a schedule earlier.

단수와 복수의 큰 차이 section 8

- 고양이가 좋아. ·· 161
  ① I like cats.
  ② I like cat.
- 너 정말 용감하구나. ·································· 163
  ① You have nerve.
  ② You have nerves.
- 영화라도 보러 갈래? ································· 165
  ① Let's go to the movies.
  ② Let's go to the movie.
- 그 애 정말 잔인하구나. ······························ 167
  ① She has no feelings.
  ② She has no feeling.
- 그 사람 진지한 눈빛이었어. ························ 169
  ① He looked me in the eye.
  ② He looked me in the eyes.
- 그 애는 긴 갈색 머리래. ····························· 171
  ① She has long brown hair.
  ② She has long brown hairs.

PART II
British English VS American English
그 영어, 영국과 미국에서는 뜻이 완전히 다르다

똑같은 표현도
영국과 미국에서 다르게 사용한다 ···················· 173

PART I

Which is right?

이렇게 뜻이 다르다니

Section 1
Section 2
Section 3
Section 4
Section 5
Section 6
Section 7
Section 8

*모든 퀴즈의 뒷페이지에 정답과 해설이 있습니다.

당신의 영어 네이티브 수준 체크

각각의 표현의 차이를 알 수 있습니까?

How much do you weigh?
How heavy are you?

I think so.
Maybe so.

Don't think of it.
Think nothing of it.

Will you hurry?
Please hurry.

I'd be happy to help you.
I'm willing to help you.

정답은 이 책 안에 있습니다.

Which is right?
정답은 어느 쪽일까요?

손목시계를 집에 두고 나와서 시간을 모른다. 그래서 지나가는 노신사에게 시간을 물어보기로 했다.

> 지금 몇 시예요?

1 Do you have time?

2 Do you have the time?

잘못 말하면 네이티브에게는 이렇게 들린다

오빠, 시간 좀 있어요?

정답 = ②

the를 빠트리면 가벼운 여자로 생각될지도 모른다.

시간을 물어 볼 때 네이티브는 Do you have the time?이라는 표현을 잘 쓴다. 그것은 '몇 시예요?'라는 의미의 네이티브식 표현 방식이다. Can I ask the time?(같은 의미의 표현)도 자주 사용하므로 외워 두자. 매우 정중히 시간을 물어 보는 방법이다.

What time is it?이라는 표현을 떠올리는 사람도 많을 것으로 생각되는데, 서로 알지 못하는 사람에게 사용하기에는 조금 갑작스런 말투이다. 네이티브의 귀에는 친한 사이처럼 들리기 때문에 주의하자. 물론 가족이나 친구들 사이에서는 괜찮다.

A. Do you have the time?
(몇 시예요?)
B. Sure it's 5:35.
(네, 5시 35분이에요.)

그러면 관사 the를 빼고 말하면 어떻게 될까? '시간 있어?', '한가해?'라는 뉘앙스의 권유하는 어구가 되어 버린다. 지나가는 사람한테 갑자기 이렇게 말하면 '오빠, 시간 있어?'라는 표현이 되어 접대부로 생각해 버릴 것이다. 상대가 기분이 나쁘면 그냥 넘어가진 않을 것이다.

A. Do you have time?
(오빠, 시간 있어?)
B. I'm not that kind of person!
(날 우습게 보지 마. 난 그런 부류의 사람이 아니야!)

Which is right?
정답은 어느 쪽일까요

창문을 열어 둔 채로 있다가 찬바람이 들어와 오싹해졌다. 창문 쪽에 있는 친구에게 창문을 닫아 달라고 부탁했다.

> 창문 좀 닫아 줄래!

1 Close the window.

2 Close that window.

잘못 말하면 네이티브에게는 이렇게 들린다

저 창문 좀 닫아, 임마!

정답 = ①

that과 the의 갈림길

창문이 하나밖에 없을 때 Close the window라고 말하면, 네이티브의 귀에는 '저 창문 좀 닫아', '야, 창문 닫아 임마!'라고 싸움을 거는 것처럼 들린다. Close that fucking window(fucking은 화내거나 놀람을 강조하는 말)라는 말과 같은 표현이다.

창문이 여러 개 있는 방에서 오해가 생기지 않도록 Close that window not this one(이 창문 말고 저 창문을 닫아)라고 말하면 오해가 안 생긴다. 그러나 창문이 하나만 있는 방에서 that window라고 누군가가 당신에게 말한다면, 상대방이 당신에 대해 굉장히 화나 있는 것이 틀림없다.

A. Close the window, I'm freezing.
(추운데 창문 좀 닫아 줄래.)
B. Not now. I'm letting in some fresh air.
(공기를 환기시키고 있어서 안 되는데.)
A. Close that window! I'm going to catch cold.
(저 창문 좀 닫아. 감기 걸리잖아.)

'창문을 닫아'라고 보통의 표현으로 부탁할 때 the를 사용해서 Close the window라고 말하면 된다. 더 정중히 부탁하려면 Could you close the window?(창문을 닫아 주시겠습니까?)라고 말하면 괜찮다.

Why don't we close the window?(창문을 닫는 게 낫지 않을까?)라는 표현도 친한 사이에서는 자주 쓰인다.

Which is right?
정답은 어느 쪽일까요

오늘은 친구와 공원에서 일광욕을 즐기고 있다. 친구가 가게에 간다기에 마실 것을 부탁하기로 했다.

> 콜라 하나 사다 줄래?

1 I'd like a coke.

2 I'd like coke.

잘못 말하면 네이티브에게는 이렇게 들린다

코카인 하나 부탁해!

정답 = ①

관사 a를 붙이지 않으면 경찰에 신고당할지도 모른다!

탄산음료인 콜라를 영어로 coke라고 하는데 속어로는 마약의 코카인을 뜻하기도 한다. coke를 셀 수 없는 불가산명사로 말하면 네이티브에게는 '코카인'을 말하는 것으로 들린다.

A. I'd like coke.
(코카인 하나 부탁해.)
B. It's $200 a gram.
(1그램에 200달러야.)
A. I don't care. I just want it.
(상관없어. 그냥 줘.)

물론 레스토랑 등에서 음료를 주문하면서 I'd like coke라고 말하면 누구라도 상황을 보고 판단하므로 오해를 받는 일은 없겠지만, 부끄러운 실수임에는 틀림없다.

패스트푸드점 등에서 콜라를 사는 경우에는 셀 수 있는 명사이므로 하나인 경우에는 a coke, 두 개라면 two cokes와 같이 반드시 필요한 개수를 알리는 것이 일반적이다.

A. I'd like a coke.
(콜라 주세요.)
B. For here or to go.
(가게에서 드실 건가요, 아니면 가져가시겠어요?)
A. To go, please.
(가져갈 거예요.)

Which is right?
정답은 어느 쪽일까요

미국에서의 홈스테이 첫 날.
주인 아주머니가 어떤 음식을 좋아하는지 물어 본다. 내가 좋아하는 건 신선한 어패류!

생선회를 좋아해요.

1 I like sashimi.

2 I like raw fish.

잘못 말하면 네이티브에게는 이렇게 들린다

날생선을 좋아해요!

정답 = ①

raw fish는 단순한 날생선으로서, 요리 이름이 아니다.

'생선회'를 raw fish라고 말하는 사람이 종종 있는데 잘못된 표현이다. raw fish는 어디까지나 '날생선', '조리하기 전의 생선'이라는 뜻에 불과하고 우리가 흔히 말하는 '회'와는 다른 것이다. 물론 상황에 따라서는 '회'를 말하고 있는 것으로 알아듣기도 할 것이다. 그러나 이 말을 듣고 네이티브에게 가장 먼저 떠오르는 것은 비린내 나는 물고기의 모습뿐이다.

- Raw fish from this lake is not safe.
  (이 호수에서 잡은 생선은 먹기에는 부적합하다.)
- Make sure you put the raw fish in the refrigerator.
  (날생선은 꼭 냉장고에 넣어 둬.)

횟집이 많은 미국의 도시 등에서 회를 먹는 사람이 많아졌지만, 아직 생선을 날로 먹는 습관에 거부감을 느끼는 사람들이 많은 것도 사실이다. 그런 사람들은 혐오감 때문에 raw fish라고 부르고 있을 가능성도 있다.

- I can't believe that Japanese eat raw fish.
  (일본사람들이 날생선을 먹는다니 믿을 수 없어.)

그러면 영어로는 생선회를 어떻게 표현하면 좋을까? 최근에는 미국 대부분의 지역에서 sashimi라고 하면 통한다. 그러나 sushi와 sashimi의 차이를 모르는 사람도 많다. 예를 들면,

A. Have you ever tried sashimi?
   (회를 먹어 본 적 있어?)
B. Yes, actually there's a sushi restaurant near my home.
   (응, 실은 집 근처에 스시 레스토랑이 있어.)

Which is right?
정답은 어느 쪽일까요

비행기에서의 식사 시간. '닭요리로 하시겠어요, 아니면 생선요리로 하시겠어요?'라고 스튜어디스가 묻는다.
응? 쇠고기는 없는 건가?

쇠고기도 있어요?

1 Do you have beef?

2 Do you have a beef?

잘못 말하면 네이티브에게는 이렇게 들린다

뭐야? 불만 있어?!

정답 = ①

다시 한 번 관사의 공포! '쇠고기로 주세요'라고 하려던 건데……

'쇠고기도 있어요?'라고 묻고 싶을 때는 부정관사 a를 붙이지 않고 Do you have beef?라고 묻는다.

   A. Would you like chicken or fish?
      (닭요리와 생선요리 중 어느 것으로 하시겠어요?)
   B. Do you have beef?
      (쇠고기도 있어요?)
   A. I'm afraid not.
      (죄송하지만 없습니다.)
   B. Okay, I'll have chicken.
      (그럼 닭요리로 할게요.)

beef에는 '불만'이라는 뜻도 있어서 a를 붙여 Do you have a beef?라고 말하면 '불만이라도 있는 거야?'라는 뜻이 된다. 또한 your beef와 같이 말해도 '불만'이라는 뜻이 된다. 예를 들면, What's your beef?(불만이 뭐야?)와 같은 경우이다.

   A. Ma'am, I need to talk to you.
      (잠깐 실례합니다.)
   B. Do you have a beef?
      (뭔가 불만이라도 있으세요?)
   A. Yes, I do. This chicken is cold.
      (네, 이 닭요리 식었어요.)
   B. That's tough.
      (이런, 죄송합니다.)

Which is right?
정답은 어느 쪽일까요

커피숍에서 커피를 사가지고 나갈 생각이다. 시간이 없어서 점원에게 좀 서둘러 달라고 말하고 싶다.

> 좀 빨리 해 주세요.

1 I'm in a hurry.

2 I'm in a hurry, please.

잘못 말하면 네이티브에게는 이렇게 들린다

급하니까 빨리 좀 하란 말이야!

정답 = ①

please를 붙이면 신경질적인 느낌을 준다.

please를 붙이면 정중한 표현이 될 거라고 생각한다면 큰 오산이다. 경우에 따라서는 신경질적인 말이 된다. I'm in a hurry라고만 말하면 보통 '좀 급해요', '시간이 없어요'라는 뜻이 된다. 이것은 자신이 서두르고 있다는 것을 애매하지 않고 부드럽게 전달하는 가장 좋은 표현이다.

A. Where to?
(어디까지 가세요?)
B. The airport. I'm in a hurry.
(공항까지요. 좀 급해요.)

A. Are you ready to order?
(주문하시겠어요?)
B. What do you recommend? I'm in a hurry.
(어떤 게 좋을까요? 제가 별로 시간이 없거든요.)

뒤에 please를 붙여 I'm in a hurry, please라고 하면 '급하니까 빨리 좀 해 줘'라는 뜻이 되어 상대방에게 재촉하는 느낌을 줄 수 있다. 말투에 따라서는 아주 신경질적이고 기분 나쁜 의미가 되므로 듣는 사람에게 좋은 인상을 줄 수 없다.

A. Waiter, is my order ready yet?
(저기요, 내가 주문한 것 아직 안 됐어요?)
B. I'll check and see.
(확인해 보고 올게요.)
A. I'm in a hurry, please.
(급하니까 빨리 좀 해!)

Which is right?
정답은 어느 쪽일까요

오늘은 가족끼리 드라이브를 간다. 도시락도 준비하고 지갑도 챙겼다. 자, 그럼 준비 완료!

> 잊은 건 없지?

1 Am I missing anything?

2 Am I missing something?

> 잘못 말하면 네이티브에게는 이렇게 들린다

뭔가 잊어먹은 게 있는 것 같아서 불안해!

정답 = ①

some과 any는 가능성의 크기로 나누어 사용한다.

Am I missing anything?은 잊은 물건이 없을 거라고 생각하면서 일단 확인을 한다는 의미로 사용하다. 그야말로 만국 공통으로 사용되는 외출하기 전의 상용어구이다. 잊은 물건이 있을 가능성은 극히 낮다.

A. Hurry up. We need to leave.
(서둘러. 이제 떠나야지.)
B. Am I missing anything?
(깜박한 물건은 없겠지?)

한편, Am I missing something?이라고 한 경우에는 실제로 물건을 잊었을 가능성이 훨씬 높아진다. 이 말은 '뭔가 잊은 게 있는 것 같아'라는 뜻이 강하다. 뭔가를 잊고 있는데 그것이 뭔지 모르는 상황에서 사용한다.

A. We'd better leave now.
(빨리 떠나야 돼.)
B. Okay, but am I missing something?
(뭔가 잊은 게 있는 것 같은데……)

네이티브들이 구분해서 쓰는 예를 참고로 살펴보자.

- Are you going somewhere?
  (어디 가니?) 가능성 높음
- Is someone there?
  (누구 있어요?) 가능성 높음

- Are you going anywhere?
  (아무 데도 안 가는 거지?) 가능성 낮음
- Is anyone there?
  (아무도 없지?) 가능성 낮음

Which is right?
정답은 어느 쪽일까요

시카고를 경유해서 플로리다에 왔다. 현지 사람으로부터 '어디에서 비행기를 갈아탔어요?'라는 질문을 받는다.

> 시카고에서 비행기를 갈아탔어요.

1 We changed planes at Chicago.

2 We changed our plane at Chicago.

잘못 말하면 네이티브에게는 이렇게 들린다

시카고에서 비행기를 새로 단장했어요!

정답 = ①

비행기를 한 대만으로 갈아타지는 못한다.

'~에서 비행기를 갈아탔다'라고 할 때 대상이 되는 비행기는 당연히 복수라야 하므로 planes라고 복수형으로 써야 한다.

- We changed planes twice on our trip to Tahiti.
  (타히티에 가는 데 비행기를 두 번 갈아탔어요.)
- You need to change planes at LA to go to Las Vegas.
  (라스베가스에 가려면 LA에서 비행기를 갈아타야 해요.)

그 외의 교통수단을 말할 때도 마찬가지다. 반드시 복수형을 사용하도록 하자.

- Please change busses at Seoul Station.
  (서울 역에서 버스를 갈아타 주세요.)
- You'll have enough time to change trains.
  (열차를 갈아타기에 충분한 시간이 있어요.)

종종 무의식적으로 저지르고 마는 단수와 복수의 잘못된 사용이 영어에서는 치명적이라는 사실을 잊지 말자.

We changed our plane이라고 하면 네이티브의 귀에는 '비행기를 새로 단장했다'라는 이상한 영어로 들린다. 항공회사 관계자라면 사용할지도 모르겠지만, 일반인에게는 인연이 먼 표현이다.

- I changed my kitchen.
  (부엌을 새로 단장했어요.)
- I changed my bedroom.
  (침실을 새로 단장했어요.)

Which is right?
정답은 어느 쪽일까요

귀여운 여자를 해변에서 만났다. 해변에 있는 칵테일바에라도 함께 가자는 제안을 해 보려고 한다.

> 같이 한잔 마시러 갈래요?

1 Let's go get a drink.

2 Let's go drinking.

> 잘못 말하면 네이티브에게는 이렇게 들린다

코가 삐뚤어지도록 마셔 보자고!

정답 = ①

He drinks는 '그는 알코올중독자다'라는 뜻

Let's go drinking은 '술을 실컷 마시고 고주망태가 되러 가자', '곤드레만드레 취하러 가자'라는 뜻의 표현이다. 그러니까 이런 식으로 말을 걸면 고주망태가 되도록 마시자는 것이 전제된다. 금방 만난 여자에게 이런 식으로 말하면 틀림없이 한 방에 걷어차일 것이다. Why do you want to get me drunk?(취하게 해서 어떻게 하려고?)라는 말을 듣게 될지도 모른다. 제대로 된 어른이라면 이런 식으로는 말하지 않을 것이다.

A. What are you doing Saturday night?
(토요일 밤인데 뭐 하니?)
B. Nothing. Let's go drinking.
(특별한 일 없어. 술이나 진탕 마시러 가자.)

이처럼 drink라는 단어에는 의외의 뉘앙스가 숨어 있는 경우가 있다. 예를 들어, My father drinks라고 하면 '우리 아버지는 알코올중독자야'라는 황당한 뜻이 되어 버린다. 일반적으로 '아버지는 술을 좋아하세요'라고 할 때는 My father likes to have a drink라고 하면 된다.

Let's go get a drink는 '한잔 하자'라고 할 때 네이티브가 사용하는 표현이다. How about going for a drink?(한잔 어때?) 등도 자주 사용한다.

A. Let's go get a drink.
(한잔 할래?)
B. Okay, sure.
(응, 좋지.)

Which is right?
정답은 어느 쪽일까요

파티에서 알게 된 여자와 메일 주소를 교환하게 되었다. 하지만 그녀의 이름 철자를 잘 모르겠다면?

> 철자를 가르쳐 주세요.

1 What's the spell?

2 What's the spelling?

잘못 말하면 네이티브에게는 이렇게 들린다

어떤 주문을 걸어요?

정답 = ②

What's the spell? 평범한 사람과는 상관없는 어구다.

이름 등의 철자를 물을 때 What's the spell?이라는 말은 절대로 사용하지 않는다. 이 표현은 '어떤 주문을 걸어?'라는 이상한 뜻이 된다. 명사 spell은 '주문', '마법'이라는 뜻이다.

A. I can make him fall in love with you.
  (나라면 그를 당신과 사랑에 빠지게 할 수 있어요.)
B. Really? What's the spell?
  (정말? 어떤 주문을 걸어요?)
C. It's a secret.
  (그건 비밀이에요.)

'철자'는 spell이 아니라 spelling이 맞다. spell에도 '철자를 쓰다', '스펠링을 말하다'라는 뜻이 있지만 명사로는 뜻이 달라진다. 다음과 같이 동사로 사용하면 문제없다.

- How do you spell your name?
  (이름의 철자를 어떻게 써요?)
- Could you spell it for me?
  (철자를 말해 주시겠어요?)

회화로 사용법을 한 번 더 확인하자.
A. His name is Jacque. (그의 이름은 잭이야.)
B. What's the spelling? (철자는?)
A. It's J-A-C-Q-U-E. (J-A-C-Q-U-E.)

Which is right?
정답은 어느 쪽일까요

남자들끼리 방에 모여서 밤늦게까지 포커게임을 한다. 문득 시간을 보니 새벽 1시가 넘었다. 점점 졸음이 몰려온다.

> 그만 잘까?

1 Let's go to bed.

2 Let's go to the bed.

잘못 말하면 네이티브에게는 이렇게 들린다

침대에 가서 즐기자!

정답 = ①

Let's go to the bed는 노골적으로 유혹하는 문장이다.

bed는 관사 the를 붙이면 구체적인 bed를 지칭하게 된다. 따라서 네이티브에게 Let's go to the bed는 Let's go to the bed over there(침대로 가자)나 Let's go to the bed in my room(내 방 침대에서 하자) 등과 같은 뜻이다. 명백하게 노골적으로 유혹하고 있는 표현이 된다.

A. You're so hot. I can't control myself.
(정말 섹시한데. 더 이상은 못 참겠어.)
B. No, not here.
(싫어, 이런 데서는.)
A. Let's go to the bed.
(침대로 가서 하자.)

물론 그럴 생각으로 말하는 것이라면 상관없지만, 그런 뜻이 아니라면 잘못 사용하지 않도록 조심하자.

보통 '그만 자자', '슬슬 자러 가자'라고 말하고 싶다면 관사인 the를 사용하지 않고 Let's go to bed라고 말한다. 이렇게 말하면 상대방을 침대로 유혹하는 뜻은 사라지게 된다. 무슨 일이 있어도 the를 붙이는 일이 없도록 한다. Let's go to sleep(그만 자자)도 네이티브가 자주 사용하는 표현이다.

- It's getting late. Let's go to bed.
(벌써 시간이 이렇게 됐어? 슬슬 자러 가자.)
- It's already 1:00. Let's go to sleep.
(벌써 1시야. 그만 자자.)

Which is right?
정답은 어느 쪽일까요

친구가 좀처럼 체중이 줄지 않는다고 한숨을 쉬고 있다. 그렇게 살이 찐 것처럼 보이지는 않는데 몸무게는 어느 정도일까? 여자끼리라면 신경 쓰지 말고 물어 봐도 되지 않을까?

> 몸무게가 얼마야?

1 How much do you weigh?

2 How heavy are you?

잘못 말하면 네이티브에게는 이렇게 들린다

너 도대체 왜 이렇게 뚱뚱한 거야?

정답 = ①

체중은 민감한 사항이다. 표현을 특히 조심해야 한다.

사람의 체중을 물을 때는 절대로 How heavy are you?라고 말하지 않도록 조심하자. How heavy is(are)…?는 '~는 어느 정도 무거워?'라고 물건의 무게를 물을 때 자주 사용하는 표현으로, 일반적으로 사람에게는 사용하지 않는다.

- A. How heavy is that box?
  (저 상자는 어느 정도 무거워요?)
- B. Only a few kilos.
  (겨우 2~3킬로그램밖에 안 돼.)

사람에게 How heavy are you?라고 말하면 명백하게 조롱하는 듯한 표현이 된다. '너 정말 뚱뚱하구나. 몸무게가 어느 정도야?'라고 말하는 것과 마찬가지다. 상대방이 뚱뚱하다는 것을 전제로 하는 심술궂은 질문이다.

사람의 체중을 물을 때는 표현 방식에 특히 주의를 기울이자.
- How much do you weigh?
  (몸무게가 어느 정도예요?)
- May I ask your weight?
  (몸무게를 물어 봐도 될까요?)

참고로 키를 물어 볼 경우에는,
- How tall are you?
  (키가 얼마나 돼요?)
- May I ask how tall you are?
  (키가 얼마나 되는지 물어 봐도 될까요?)

이것이 가장 일반적인 표현이다.

Which is right?
정답은 어느 쪽일까요

친구가 시험에서 떨어졌다고 낙담하고 있다. 유급될 것 같단다. 너무 실망하는 것 같아 어떻게 말을 걸어야 할지도 모르겠다면?

> 정말 안됐구나.

1 That's too bad.

2 That's very bad.

잘못 말하면 네이티브에게는 이렇게 들린다

나쁜 자식!

정답 = ①

의외로 어려운 too와 very의 사용법.

That's too bad는 '그거 참 안됐구나', '유감이야', '안타깝다'와 같은 뜻으로, 상대의 불행을 맞장구쳐 주고 싶을 때 사용하는 일이 많다. 마찬가지로 Too bad라고 짧은 문장으로도 자주 사용한다.

A. I bought an expensive plant, but it died.
(값비싼 식물을 샀는데 죽어 버렸어.)
B. That's too bad.
(그거 참 안됐구나.)
A. I didn't pass the test.
(시험에 합격 못했어.)
B. Too bad.
(유감이야.)

한편, That's very bad는 상대방의 행동을 질책하는 말로, 네이티브에게는 엄마가 아이를 꾸짖고 있는 것처럼 들리는 표현이다. '못됐어!', '애가 못됐구나!'와 같은 뜻이다. 거의 반은 포기했다는 뉘앙스로 말할 때 사용한다. 낙제하여 침울해하는 상대방에게 사용하기에는 무척 부자연스럽고 무례하게 들리는 말이다.

A. I forgot to feed my dog.
(개밥 주는 걸 깜박했어.)
B. That's very bad.
(너 정말 못됐구나.)

Which is right?
정답은 어느 쪽일까요

어려운 수학 숙제를 친구가 도와 주기로 했다. 난해한 수학 문제를 술술 풀어내는 그의 모습에 감동을 받고 한마디 한다.

> 너 정말 머리가 좋구나!

1 Aren't you smart?

2 You are smart, aren't you?

잘못 말하면 네이티브에게는 이렇게 들린다

아는 게 많아서 참 좋기도 하겠다!

정답 = ②

Aren't you...?는 상대방을 약간 비꼬는 듯한 표현이다.

얼핏 Aren't you smart?는 아무 문제도 없어 보이지만, 네이티브에게는 '똑똑해서 참 좋기도 하겠네', '머리가 좋아서 좋겠다. 굉장하네, 굉장해' 등과 같이 비꼬는 듯이 들릴 수 있다. Aren't you...?는 '~라서 참 좋기도 하겠다', '~라서 좋겠네'와 같은 뜻이다. 마음에도 없는 말을 내뱉어서 상대방에게 정신적인 고통을 주려는 의도가 엿보인다.

- Aren't you rich?
  (부자라서 참 좋으시겠수.)
- Aren't you beautiful?
  (미인이라서 참 경사났네.)
- Aren't you popular?
  (인기가 많아서 좋네, 좋아.)

참고로 smart는 '현명한', '머리 좋은'이라는 뜻이다.

한편, You are smart, aren't you?는 '정말 머리가 좋구나', '역시 대단하구나'와 같은 뜻이다. 숨은 뜻도 없고 상대방에게 감동해서 하는 칭찬이다.

A. Do you remember pi?
(원주율이 얼만지 기억해?)

B. I think so. It's 3.1416, isn't it?
(응, 3.1416 아냐?)

A. You are very smart, aren't you?
(정말 머리가 좋구나.)

Which is right?
정답은 어느 쪽일까요

자신이 그린 그림을 방에 걸어 두었는데 놀러 온 친구들이 그림을 보더니 칭찬을 쏟아낸다. 그때 약간은 부끄러워하면서 대답하는 한마디.

> 그 정도로 잘하지는 못해.

1 It's nothing.

2 That's nothing.

잘못 말하면 네이티브에게는 이렇게 들린다

이까짓 거 내겐 아무것도 아니야!

정답 = ①

That's nothing.은 잘난 체하는 말.

That's nothing은 '그렇게 대단한 일도 아니잖아', '그까짓 거 내겐 별거 아니야', '그 정도는 아무나 다 해'와 같은 뉘앙스의 잘난 체하는 말이다. 사이가 좋은 친구 사이에 농담으로 하는 거라면 문제 없지만, 그렇지 않은 경우라면 그런 거만한 말투는 피하도록 한다. 성격이 안 좋다고 낙인 찍히고 미움을 받게 될지도 모른다.

A. My son is a lawyer.
(우리 아들은 변호사예요.)
B. That's nothing. My son is a judge.
(별거 아니잖아. 우리 아들은 판사라고요.)
A. I got 85 on the test.
(테스트에서 85점 받았어.)
B. That's nothing. I got 99.
(별거 아니네 뭐. 난 99점인 걸.)

한편, It's nothing은 '그 정도는 아니에요', '그다지 잘하지 못해요'라는 겸손한 표현이다.

A. I like your painting. You're really talented.
(난 네 그림을 좋아해. 넌 정말 재능이 있는 것 같아.)
B. It's nothing. It's just a hobby.
(그렇게 잘하는 거 아니야. 그냥 취미로 하는 거야.)

또한 사례를 하는 사람에게 이 말을 쓰면 '괜찮아요', '신경 쓰지 마세요'라는 의미가 된다. 사과하는 상대방에게는 '정말 괜찮아요', '신경 쓰지 마세요'라는 뜻으로 사용되기도 한다.

Which is right?
정답은 어느 쪽일까요

친구가 한동안 학교에 보이지 않는다. 병이라도 걸린 것일까 하고 걱정하는 다른 친구에게,

> 그런 것 같아.

1 I think so.

2 Maybe so.

잘못 말하면 네이티브에게는 이렇게 들린다

글쎄, 그럴지도 모르지 뭐!

정답 = ①

Maybe를 연발하면 무책임한 사람으로 인식되기 쉽다.

의견을 말할 때 단언하기를 꺼려서 Maybe를 붙이고 보는 사람도 많을 것이다. 하지만 이 버릇은 가능한 한 버리는 것이 좋다. 네이티브의 귀에 이 표현은 적당히 상황을 무마하기 위해 하는 말로 들릴 수 있다. 진지하게 질문을 하고 있는데 Maybe so라고 대답하면 잘 생각해 보지도 않고 적당히 대꾸하고 있는 것처럼 보여서 좋은 느낌을 주지 못한다. 따라서 자신의 생각을 말하고 있는 걸로는 보이지 않는다.

A. Do you really love me?
   (정말 나를 사랑하니?)
B. Maybe so.
   (그런 것 같기도 해.)
A. What kind of answer is that?
   (무슨 대답이 그래?)

로맨틱한 분위기도 완전히 망친 듯하다.

I think so도 애매한 대답이기는 하지만, 적어도 적당히 대꾸하는 것으로는 들리지 않으므로 그나마 괜찮다.

A. Are you coming to my party?
   (내 파티에 와 주지 않을래?)
B. I think so.
   (갈 수 있을 것 같아.)
C. Okay, but I need to know for sure.
   (좋아, 그런데 확실하게 대답해 줬으면 해.)

Which is right?
정답은 어느 쪽일까요

친구가 남편과 이혼하겠다며 펄펄 뛴다. 아주 사이가 좋았는데 무슨 일이 있었던 것일까? 그렇게 흥분해서 말하는 친구가 무슨 말을 하는지 도무지 알 수 없어서 묻는다.

> 무슨 말을 하고 싶은 거니?

1 Please explain what you mean.

2 Please explain yourself.

잘못 말하면 네이티브에게는 이렇게 들린다

도대체 왜 그런 일을 저지른 거야?

정답 = ①

Please explain yourself라고 하자 친구는 기분이 언짢아져 버렸다.

(Please) explain yourself는 '이게 대체 무슨 일이야?', '왜 그랬니?'라고 부모가 아이를 꾸짖거나 상사가 부하의 실수를 추궁할 때 자주 쓰는 상용구라 할 수 있다. 이 말은 Please explain why you did that을 줄인 것이다.

Please를 붙이지 않고 Explain yourself(대체 무슨 일이야?)라고 해도 되지만, 이 please에도 의외의 뜻이 숨어 있다. Please를 붙이면 더 부드러운 말투가 될 거라고 생각할지 모르겠지만, 반대로 한층 심한 말투가 된다.

A. You're late again today. Please explain yourself.
(또 지각이야? 어떻게 된 건지 설명해 봐!)
B. Well, my car broke down and....
(저, 차가 고장이 나서……)

Please explain what you mean은 '어떻게 된 거야?', '하고 싶은 말이 뭐니?'와 같은 뜻으로 상대방이 하는 말이 잘 이해되지 않을 때 사용한다. 이 말에는 여분의 뜻은 내포되어 있지 않다.

A. I think we should throw away our TV and get a computer.
(TV 같은 건 없애고 컴퓨터를 사야 할 것 같아.)
B. Please explain what you mean.
(무슨 소리야?)
A. We can watch TV on this computer.
(이 컴퓨터가 있으면 TV도 볼 수 있거든.)

Which is right?
정답은 어느 쪽일까요

친구가 볼이 퉁퉁 부어서 치과에 가야 할지 말아야 할지 망설이고 있다. 두려워하지 말고 빨리 치과에 가 보라고 재촉할 때 쓰는 말.

> 그렇게 해.

1 You'd better.

2 You need to.

잘못 말하면 네이티브에게는 이렇게 들린다

안 그러면 큰일 날 줄 알아!

정답 = ②

You'd better는 협박할 때 쓰는 말.

You'd better를 친절하게 제안할 때 쓰는 표현이라고 생각했다면 큰 오산이다. 사실은 상대방에게 압력을 행사할 때 자주 사용하는 말로, 상황에 따라서는 '그렇게 하는 것이 몸에 좋아', '그렇게 하지 않으면 큰일 날 줄 알아'라는 뜻이 된다. 잘못 사용하면 협박하는 말이 되므로 조심하도록 한다.

A. I'll try to finish on time.
　(돈은 이번 주 중에 돌려줄게요.)
B. You'd better.
　(돌려주지 않으면 각오하는 게 좋을 거야.)
A. I'm so sorry. I'll do a better job next time.
　(정말 미안. 다음엔 더 잘할게.)
B. You'd better.
　(안 그러면 큰일 날 줄 알아.)

'그렇게 하는 게 좋아'라고 보통으로 제안하려 한다면 You need to나 Good idea가 좋다.

A. Maybe I should take some medicine.
　(약을 먹어야겠어.)
B. You need to.
　(그러는 게 좋아.)
A. I'm thinking about sending her a thank-you letter.
　(그녀에게 감사 편지를 보내려고 해.)
B. Good idea.
　(그러는 게 좋겠어.)

Which is right?
정답은 어느 쪽일까요

조금 달렸을 뿐인데 친구는 주저앉아서 헉헉대고 있다. 평소에 운동을 해 뒀으면 좋잖아.

> 좀 더 체력을 키워야겠군.

1 You'd better get in shape.

2 You'd better shape up.

잘못 말하면 네이티브에게는 이렇게 들린다

좀 더 똑바로 일을 하라고!

정답 = ①

'shape up'은 잘못된 영어 표현.

'shape up'은 몸을 단련하거나 체중을 줄인다는 뜻으로 잘못 사용되기도 하지만, 영어에서는 이런 뜻으로는 사용하지 않는다. '제대로 일을 해내다', '제대로 하다', '똑바로 하다'라는 뜻으로 사용되는 일이 많다. '날씬해지다'라는 뜻으로 사용되는 일은 거의 없다.

- You've been late every day this week. You'd better shape up.
  (이번 주는 매일 지각이잖아. 좀 제대로 해.)
- You'd better shape up or you're going to spend your life in jail.
  (더 똑바로 살지 않으면 평생을 감옥에서 지내게 될 거야.)

영어에서 '몸을 가꾸다'라는 말을 하고 싶은 경우에는 get in shape를 사용하면 된다. 이는 '몸을 단련하다', '몸을 가꾸다'라는 뜻으로 네이티브가 자주 사용하는 표현이다. 또한 문법적으로는 You'd better get in shape가 맞는 표현이지만, 회화에서는 would를 생략한 You better get in shape가 자주 사용된다.

- You better get in shape for the marathon.
  (마라톤에 대비하려면 더 몸을 단련하는 게 좋아.)
- You better get in shape if you want to be a firefighter.
  (소방관이 되고 싶으면 몸을 더 키우는 게 좋을 거야.)

Which is right?
정답은 어느 쪽일까요

친구가 약속 장소에 늦게 나왔다.
약속 시간을 잘못 안 것은 아닐까?

> 2시 약속이었던 거 아냐?

1 I believe we were supposed to meet at 2:00.

2 I think we were supposed to meet at 2:00.

잘못 말하면 네이티브에게는 이렇게 들린다

2시 약속인데 이제 오면 어쩌자는 거야!

정답 = ②

I believe we were supposed to는 비아냥거리는 말.

I believe we were supposed to meet at 2:00는 '약속은 2시 맞잖아!'라는 뜻으로 상대방을 질책하는 듯한 느낌을 준다. 자신이 맞다는 것을 알면서 I believe...라고 말하는 것은 비아냥거림이다. 몹시 기다리게 한 상대방에 대해 아무렇지 않은 듯 따끔하게 한마디해 주고 싶을 때 딱 맞는 표현이다.

A. Hi, Alice!
(안녕, 앨리스!)
B. I believe we were supposed to meet at 12:00.
(약속은 12시였잖아!)
A. Oh, I'm sorry.
(미안해.)

I do believe...라고 하면 강도가 더 높아진다. 차가운 시선을 보내거나 고압적인 태도로 말할 때 자주 사용되는 표현이다. 늦게 온 상대방에게 따끔한 맛을 보여 주고 싶다면 사용해 보도록 하자.

I thought (that) we were supposed to...는 비아냥거리지 않는 솔직한 말투로 '~가 아니었어?', '~라고 생각했는데'와 같은 의미로 사용된다.

A. Hi, Alice!
(안녕, 앨리스!)
B. I thought we were supposed to meet at 12:00.
(12시 약속이 아니었어?)
A. Oh, really? I thought you said 1:00.
(어, 그랬어? 난 1시인 줄 알았는데.)

Which is right?
정답은 어느 쪽일까요

생일 선물을 소포로 보내자 감사 전화가 걸려 왔다.
'정말 고마워요'라고 인사하는 상대방에게,

> 아니에요.

1 Don't think of it.

2 Think nothing of it.

잘못 말하면 네이티브에게는 이렇게 들린다

이봐, 꿈도 꾸지 마!

정답 = ②

부정형과 nothing이 같다고 생각한다면 큰 오산.

우리가 하는 말로는 ①이 정답인 것 같지만 ②의 Think nothing of it이 맞다. 이 Think nothing of it은 감사 인사를 하는 상대방에게 사용하는 말로, '괜찮아요, 마음 쓰지 마세요', '천만에요', '대단한 것도 아니에요' 등의 뜻으로 사용된다. 이처럼 마음씀씀이가 느껴지는 한마디를 적절할 때 건넬 수 있다면 영어 실력은 상당한 수준이라 할 수 있다.

A. Thank you. Thank you so much. You saved my life.
   (고마워, 정말 고마워. 넌 내 인생의 구세주야.)
B. Think nothing of it.
   (아니야. 신경 쓰지 마.)

①의 Don't think of it은 '꿈도 꾸지 마', '이봐, 무슨 생각을 하는 거야!'와 같은 뜻으로 사용된다. 상대방의 말에 기가 막혀 대꾸하는 표현이다. Don't even think about it이라고 말해도 뜻은 같다.

A. I'm going to ask Judy out on a date.
   (주디에게 데이트 신청을 하려고 해.)
B. Don't think of it. She's Jack's girlfriend.
   (이봐, 무슨 생각을 하는 거야! 그 애는 잭의 여자친구라고.)
A. Look! That car is only $7000.
   (저것 봐! 저 차 겨우 7,000달러밖에 안 돼.)
B. Don't ever think about it. You're already in debt.
   (꿈도 꾸지 마! 넌 벌써 빚이 있잖아.)

Which is right?
정답은 어느 쪽일까요

항상 밝은 성격의 친구가 웬일인지 시무룩한 표정을 하고 있다. 남자 친구와 싸움이라도 한 것일까? 걱정이 되어서 물어 본다.

> 무슨 일이야?

1 What's the matter with you?

2 What's the matter?

잘못 말하면 네이티브에게는 이렇게 들린다

너 도대체 뭐야! 짜증나, 정말!

정답 = ②

상대방의 태도에 질렸다면 with you.

What's the matter?는 보통 '어떻게 된 거야?', '무슨 일 있어?'라는 뜻이다. You look worried. What's the matter?(걱정스러워 보여. 무슨 일 있어?)와 같이 사용된다.

A. I can't go skiing with you tomorrow.
(내일 같이 스키 타러 못 갈 거 같아.)
B. What's the matter?
(무슨 일 있어?)
A. I sprained my ankle.
(발목을 삐었어.)

이런 상황에서 What's the matter with you?라고 말하면 전혀 다른 분위기가 된다. 상대방은 기분 나쁜 태도를 취하거나 불쾌해하거나 당황스러워할 것이다. 이 말은 짜증을 내면서 하는 말로 '도대체 어떻게 된 거야?', '도대체 뭐야?'라는 뉘앙스로 쓰인다. What's your problem?도 같은 말이다.

- What's the matter with you? I didn't do anything to you.
  (도대체 무슨 소릴 하는 거야? 내가 너한테 무슨 짓을 했다고 그래?)
- What's your problem? Are you in a bad mood again?
  (도대체 무슨 문제야? 너 또 화나 있잖아!)

A. You didn't wash the dishes again!
(또 설거지 안 했구나!)
B. What's the matter with you? I'll wash them later.
(뭐가 문제니? 나중에 씻으면 되잖아!)

Which is right?
정답은 어느 쪽일까요

친구가 학교 시험을 망쳤다고 낙담하고 있다. '낙제하면 어쩌지?' 라고 걱정하는 그를 격려해 주고 싶다.

> 아직 가능성은 있어.

1 You never know.

2 You'll never know.

잘못 말하면 네이티브에게는 이렇게 들린다

너는 평생 가도 모를 거야!

정답 = ①

'll(will)이 있는 것과 없는 것은 큰 차이.

You never know는 '아직 어떻게 될지 몰라', '아직 가능성이 있어'라는 뜻의 표현이다. '절망하기에는 아직 일러'라는 격려의 뜻이 담겨 있다.

A. The Yankees are going to lose this game.
   (이 시합은 양키스가 질 거야.)
B. You never know.
   (아직 몰라.)

You'll never know는 '너는 평생토록 모를 일이야', '당신은 영원히 모를 거예요'라는 뜻이다. 상대방을 약간 바보 취급하는 말이다.

A. Why did she dump me?
   (왜 그녀는 날 찼을까?)
B. You'll never know.
   (넌 평생토록 모를 거야.)

또 '너한테는 안 가르쳐 줘'라고 심술궂게 대할 때도 이 표현을 사용할 수 있다.

A. How old are you?
   (너 몇 살이야?)
B. You'll never know.
   (너한테는 안 가르쳐 줄 거야.)

Which is right?
정답은 어느 쪽일까요

평소에 신세를 지고 있는 사람에게 선물을 보내려고 친구와 함께 쇼핑을 갔다. '왜 그 사람한테 선물을 보내는 거야?'라고 질문하는 친구에게 설명한다.

> 그 사람한테 신세를 많이 졌거든.

1 He did something for me.

2 He did something to me.

잘못 말하면 네이티브에게는 이렇게 들린다

그녀석한테서 도저히 입에 담을 수 없는 일을 당했어!

정답 = ①

for me와 to me를 혼동하지 말도록!

for me는 '나를 위해서', '나를 돕기 위해서'라는 뜻으로, 보통 긍정적인 내용에 쓰인다. He did something for me는 '그는 나를 위해 어떤 일을 해 주었다', 그러니까 '그에게 신세를 졌다'라는 뜻이다.

- A. Why are you sending Jim a thank-you card?
    (왜 짐에게 감사 카드 같은 걸 보내는 거야?)
- B. He did something for me.
    (신세를 졌으니까.)

to me는 '나에게', '나에 대해서'와 같은 뜻으로 사용되며 상황에 따라서는 문장을 아주 부정적인 내용으로 바꾸어 버린다.

- A. Why do you hate him so much?
    (왜 그 남자를 그렇게 싫어하니?)
- B. He did something to me.
    (나한테 끔찍한 짓을 했으니까.)
- A. What?
    (끔찍한 일이라니?)
- B. He tried to rape me.
    (날 강간하려고 했어!)

to me와 for me의 차이를 한 번 더 정리해 보자.

- Why did you do that for me?
    (왜 날 위해 그렇게까지 한 거야?)
- Why did you do that to me?
    (왜 나한테 그런 짓을 한 거야?)

Which is right?
정답은 어느 쪽일까요

이사 갈 집을 찾고 있는 친구가 좀처럼 좋은 방이 없어서 곤란해하고 있다. 그렇다! 좋은 부동산을 알고 있으니까 가르쳐 주자!

조금은 도움이 될 거야.

1 There is a little I can do.

2 There is little I can do.

잘못 말하면 네이티브에게는 이렇게 들린다

내가 할 수 있는 일이 뭐 있겠어?

정답 = ①

a little은 '조금 있다', little은 '거의 없다'

관사 a를 붙이지 않은 There's little I can do는 '내가 할 수 있는 일은 거의 없어', '내가 할 수 있는 일이 뭐 있겠어?'와 같은 뜻이다. 이것은 부탁받은 일을 거절하는 경우와 같이 소극적으로 대처할 때 사용하는 표현이다.

A. Why don't you help him find a job?
(그의 취직을 도와 주는 게 어때?)
B. There's little I can do. He won't listen to me.
(도와 줄 게 뭐 있겠어? 내 말은 듣지도 않을 거야.)

반대로 관사 a를 붙여서 There's a little I can do라고 하면 '조금은 도움이 될 거예요', '큰 도움은 못 되지만 힘이 될게요'와 같은 뜻이 된다. a little이라고 해도 상당히 긍정적인 느낌을 준다.

A. I'm deep in debt.
(난 완전히 빚더미에 앉았어.)
B. There's a little I can do. I can help you find a job.
(조금은 도움이 될 거예요. 취직하는 거 거들게요.)

a little은 '조금 있다'라고 할 때, little은 '거의 없다'라고 할 때 사용한다는 것을 기억해 두자. 겨우 한 단어가 큰 차이를 낸다.

- I had a little trouble.
 (좀 문제가 있었어.)
- I had little trouble.
 (문제는 거의 없었어.)

Which is right?
정답은 어느 쪽일까요

친구가 바쁜 듯 일하고 있다. 훌륭하게 일을 처리하고 있는 그에게 격려의 말을 건네려고 한다.

> 열심히 해.

1 Please work harder.

2 Please keep up the good work.

잘못 말하면 네이티브에게는 이렇게 들린다

건성건성 일하고 있구나!

정답 ≒ ②

격려의 말이 비아냥거리는 말로 탈바꿈!

Please work harder는 '더 열심히 일해!', '좀 더 제대로 일해!'라는 뜻이다. 그러니까 이 말을 들은 네이티브의 귀에는 '왜 그렇게 게으름을 피워?', '건성으로 일하고 있군'과 같이 주의를 주는 것처럼 들릴 것이다.
바쁘게 일하고 있는데 이런 말을 들으면 누구든 기분이 나빠질 것이다.
please를 붙였다고 해서 반드시 정중한 표현이 되지는 않으므로 기억해 두도록 한다.

- We have to finish cleaning by six o'clock. Please work harder.
  (6시까지 청소를 끝내야 돼. 좀 더 열심히 해 줘.)
- We don't have much time. Please work harder.
  (시간이 별로 없어. 좀 열심히 해.)

keep up the good work는 '좋은 상태로 일을 계속하다', '제대로 일을 계속하다'라는 뜻으로, Please keep up the good work를 직역하면 '그대로 좋은 일을 계속해 주세요'가 된다.
열심히 일하는 사람에게 이렇게 말하면 '그대로 열심히 계속해 주세요'라는 뜻이 된다. 일하는 사람에게 건네는 격려의 말로 딱 좋은 표현이다.

- Everything is on schedule. Keep up the good work.
  (모든 일이 예정대로 진행되고 있어. 그대로 열심히 해.)

Which is right?
정답은 어느 쪽일까요

부하가 늦게까지 일을 도와 주었다. 지시받은 일을 끝내고 '다른 일은 더 없으세요?'라고 묻는다. 나머지는 혼자서도 할 수 있어.

> 이제 그만 가 봐.

1 You can go now.

2 I'm going to let you go.

잘못 말하면 네이티브에게는 이렇게 들린다

안됐지만 회사를 그만둬 줬으면 해!

정답 = ①

I'm going to let you go는 해고한다는 뜻.

You can go now는 보통 '돌아가도 좋아', '이제 가도 돼'라고 지시할 때 사용하는 말이다. 부모가 아이에게, 상사가 부하에게 하는 표현이다.

A. Do you need me to do anything else?
   (해야 할 일이 더 있어요?)
B. No, you can go now.
   (아니, 이제 그만 가 보게.)
A. Okay, I'll see you tomorrow.
   (그렇군요, 그럼 먼저 실례하겠습니다.)

A. Mom, I finished cleaning my room.
   (엄마, 방 청소 끝냈어요.)
B. Okay, you can go now.
   (그래, 이제 가도 좋아.)

let someone go는 '손을 놓다'라는 뜻이다. I'm going to let you go를 직역하면 '당신을 놓아 주지 않으면 안 돼'로, 부하 직원에게 이렇게 말하면 '회사를 그만둬 줬으면 해'라고 해고를 통지하는 말이 된다. 참고로, I had to let my house go는 '집을 넘겨줘야 했다'라는 뜻이다.

A. I have some bad news.
   (나쁜 소식이 있어.)
B. What is it?
   (무슨 일이시죠?)
A. I'm going to let you go. You've made too many mistakes.
   (유감스럽게도 회사를 그만둬 줬으면 하네. 실수가 너무 잦았어.)

Which is right?
정답은 어느 쪽일까요

친구가 집에 놀러 왔다. 아들이 보이지 않자 '애는 어디 갔어?'라고 묻는 친구. 아이는 자기 방에서 놀고 있는 것 같다.

> 혼자 놀고 있어.

1 He is playing by himself.

2 He is playing with himself.

잘못 말하면 네이티브에게는 이렇게 들린다

그 앤 저기서 마스터베이션을 하고 있어!

정답 = ①

둘 다 혼자서 노는 것이긴 한데…….

by oneself는 '혼자서'라는 뜻. He is playing by himself는 '그는 혼자서 놀고 있다'라는 뜻이다.

A. I'm worried about my son.
  (우리 애가 걱정이야.)
B. Why?
  (무슨 일이야?)
A. He's always playing by himself.
  (항상 혼자서 놀아.)

- I used to play in a band, but now I play by myself.
  (옛날에는 밴드 활동을 했는데 지금은 혼자서 연주해.)
- I like to play golf by myself.
  (혼자서 골프를 치는 걸 좋아해.)

여기서 play with oneself라고 하면 뜻이 크게 변하여 '마스터베이션을 하다'라는 황당한 뜻이 되어 버린다. He is playing with himself라고 하면 '그는 지금 마스터베이션 중이에요'라는 뜻이 된다. 이 말을 들은 사람은 What a liberal family!(무척 개방적인 가족이군요!)라고 놀랄 것이다.

A. Where were you yesterday?
  (어제는 어디에 있었니?)
B. I can't tell you.
  (안 가르쳐 줄 거야.)
A. You were probably at home playing with yourself.
  (집에서 마스터베이션이라도 했던 거겠지.)

Which is right?
정답은 어느 쪽일까요

여자친구 방에 놀러 가자 희미하게 담배 냄새가 난다. 이상해, 그녀는 담배를 안 피우는데?

> 방에서 누가 담배 피웠지?

1 Somebody was smoked in the room.

2 Somebody was smoking in the room.

잘못 말하면 네이티브에게는 이렇게 들린다

방에서 누군가가 살해당했지?

정답 = ②

동사 smoke를 수동으로 사용하면 무서운 뜻이 된다.

smoke는 명사로 '연기', 동사로 '담배를 피우다'는 뜻으로 널리 알려져 있으나, 속어로 '쏘아 죽이다', '없애다'라는 뜻으로도 사용된다. 따라서 ...was smoked라고 수동으로 쓰면 이런 흉흉한 뜻이 되어 버린다.

총에 맞았을 때 총상에서 연기가 피어오르는 것에서 이런 속어가 유래된 것으로, 다음과 같은 경우에 사용한다.

- My brother got smoked on the subway.

    (우리 동생은 지하철에서 총에 맞았어.)

- My dad got smoked by the cops.

    (우리 아빠는 경찰 총에 맞고 죽었어.)

수동형이 아니라 was smoking이라고 진행형으로 하면, 말 그대로 '담배를 피우고 있었다'라는 뜻이 된다.

A. Someone was smoking in the room.

   (누군가 방에서 담배를 피우고 있었지?)

B. I didn't do it. I don't smoke.

   (내가 안 그랬어. 난 담배를 안 피우니까.)

A. Then, who was here?!

   (그럼 누가 왔었지?)

B. I don't know.

   (글쎄……)

Which is right?
정답은 어느 쪽일까요

원거리 연애를 하고 있는 남자친구와 오랜만에 만나게 되었다. 친구가 그것을 알고 기분이 어떠냐고 물었다.

> 못 견디게 보고 싶어!

1 I'm anxious about seeing him.

2 I'm anxious to see him.

잘못 말하면 네이티브에게는 이렇게 들린다

그와는 별로 만나고 싶지 않아!

정답 = ②

헷갈리기 쉬운 표현의 결정판.

be anxious to는 '~하고 싶어 견디지 못하다', '~하고 싶어 참을 수 없다' 라는 뜻의 어구이다. I'm anxious to see him이라고 하면 '그를 만나는 것이 너무 기대된다', '그가 보고 싶어 견딜 수 없다'라는 뜻이다.
be anxious to를 사용하고 있는 예는 다음과 같다.

- I'm anxious to start working as soon as possible.
  (빨리 일하고 싶어서 못 견디겠어.)
- I'm anxious to see how much weight I've lost.
  (체중이 얼마나 줄었는지 알고 싶어서 못 참겠어.)

하지만 be anxious about은 '~하는 것이 걱정이다', '~가 불안하다'라는 뜻. 그러니까 be worried about과 같은 말이다. 전치사 하나로 이렇게까지 뜻이 달라진다. 따라서 I'm anxious about seeing him이라고 하면 '그와는 별로 만나고 싶지 않다'라는 뜻이 된다. 그것도 만나고 싶지 않은 어떤 이유가 있을 때 하는 말이다. 만나기를 고대하고 있다면 이렇게 말해선 안 된다. 절대로 혼동해서 사용하지 않도록 조심하자.
예를 들면, 오랜만에 다시 만나는 그에게 '너무 보고 싶었어'라고 말하려는 것을 I'm anxious about seeing you라고 말한다면 큰일. 바람이라도 피우고 있는 건 아닌지 의심을 받게 될 것이다.

- I'm anxious about going to the dentist.
  (치과에 가기가 왠지 불안해.)

Which is right?
정답은 어느 쪽일까요?

친구와의 대화 중 쓰레기 분리 수거가 화제로 떠올랐다. 친구가 어떻게 생각하는지 묻지만, 나는 깊이 생각해 본 적이 없다.

재활용에는 별로 관심이 없어서.

1 I don't think much about recycling.

2 I don't think much of recycling.

잘못 말하면 네이티브에게는 이렇게 들린다

재활용 같은 건 의미가 없어!

정답 = ①

전치사를 틀리면 뜻이 달라진다.

think much of...는 '~을 중요하다고 생각하다', '~을 높이 평가하다'라는 뜻이다. 따라서 I don't think much of recycling이라고 말하면 '재활용을 좋다고 생각하지 않아', '재활용 같은 거 하면 안 돼'와 같은 뜻이 된다. 이처럼 시대에 역행하는 발언은 절대로 피하도록 하자.
- I don't think much of dieting.
  (다이어트 같은 거 하는 게 아냐.)
- I don't think much of your idea.
  (네 생각은 좋지 않다고 봐.)

think much about...은 '~에 대해서 잘 생각하다' 라는 뜻이다. I don't think much about recycling이라고 하면 '재활용에 대해서는 별로 생각하지 않는다', '재활용에는 그다지 관심이 없다'라는 뜻이 된다. 그러니까 재활용을 부정하는 것은 아니나 단순히 관심이 없다고 할 때 쓰는 표현이다.
- I don't think much about death.
  (죽음에 대해서 별로 생각하지 않는다.)
- I don't think much about making money.
  (돈벌이에는 관심이 없어.)

미국 등에서는 Do you believe in God?(신을 믿으세요?)이라는 질문을 자주 받는다. 여기서 '별로 관심이 없어요'라고 말하려던 것을 I don't think much of religion이라고 말하지 않도록 조심하자.

Which is right?
정답은 어느 쪽일까요

친구 집에 식사 초대를 받아 갔다. 맛있는 요리로 배가 꽉 찼는데 디저트를 더 먹으라고 권하는 친구.

> 충분히 많이 먹었어.

1 I've had plenty.

2 I've had enough.

잘못 말하면 네이티브에게는 이렇게 들린다

이제 지겨워!

정답 = ①

'enough = 충분한'이라고?

②의 I've had enough은 '이제 지겨워!', '적당히 좀 해!'와 같은 뉘앙스다. 이런 말을 했다가는 두 번 다시 초대를 받지 못할 것이다.

불평만 하는 사람에게 '네 불평 듣는 건 이제 정말 지겨워!'라고 말할 때 이 표현을 사용할 수 있다.

- You're always complaining. I've had enough.

  (넌 불만투성이구나. 이제 정말 지겨워!)

이 외에도 enough를 사용한 표현을 몇 가지 살펴보자. 특히 네이티브가 자주 사용하고 있는 것들이다.

- That's enough. I'm quitting!

  (이제 정말 지겨워! 그만두겠어!)

- You've done enough.

  (이 이상 괴롭히는 건 그만둬.)

감사의 마음을 담아서 정말 배가 불러 하는 말이라면 I've had plenty가 가장 좋다. 여기서 plenty는 '충분히', '많이'의 뜻이다.

'맛있는 요리였어요'라는 뜻을 전하고 싶다면 다음과 같이 진심을 표현한다.

I've had plenty. That was really good.

  (너무 배불러요. 정말 맛있었어요.)

Which is right?
정답은 어느 쪽일까요

집으로 놀러 온 친구와 와인으로 건배. 안주로는 치즈가 어떨까?

> 치즈 썰었어.

1 I sliced the cheese.

2 I cut the cheese.

잘못 말하면 네이티브에게는 이렇게 들린다

방귀 뀌었어요!

정답 = ①

사람들 앞에서 cut the cheese라고 하면 창피한 일.

cut the cheese는 네이티브가 자주 사용하는 속어로 '방귀를 뀌다'라는 뜻이다. 이는 치즈의 독특한 냄새에서 유래된 표현이다.

'치즈를 썰다'라고 말하는 경우에는 slice를 사용한다. 이는 '얇게 자르다', '얇게 한 장으로 잘라내다'라는 뜻이며, 얇게 썰어서 먹는 음식에는 이 단어를 사용한다.

- slice a loaf of bread

    (식빵을 슬라이스하다)
- slice a lemon

    (레몬을 슬라이스하다)

요리에 사용되는 표현으로 cut the cheese와 같이 cut만 단독으로 사용되는 경우는 거의 없다. 굳이 사용한다면 cut up...(잘게 썰다), cut... into pieces(~를 잘라 나누다)와 같은 숙어로 사용한다.

단독으로는 I cut my arm(팔을 베었다), I cut my finger(손가락을 베었다) 등과 같이 사용한다.

- Would you cut up those apples?

    (사과를 잘게 잘라 주시겠어요?)
- Would you cut that pumpkin into pieces?

    (호박을 잘라서 나누어 주시겠어요?)
- I cut the watermelon in half.

    (수박을 반으로 잘랐어.)

Which is right?
정답은 어느 쪽일까요

오늘은 각자 요리를 만들어 와서 친구 집에 모여 식사를 하기로 했다. 나는 샐러드 요리를 만들려고 한다.

> 난 샐러드를 만들게.

1 I'm going to cook a salad.

2 I'm going to make a salad.

잘못 말하면 네이티브에게는 이렇게 들린다

난 샐러드를 구울게.

정답 = ②

cook은 요리에는 별로 사용하지 않는다.

'~(요리 이름)을 만들다'라며 구체적으로 요리 이름을 말할 때는 make를 사용하는 경우가 많다.
- I'm going to make some spaghetti.
  (스파게티를 만들게요.)
- Do you know how to make tempura?
  ((일본식) 튀김을 만드는 법을 알아요?)
- I made a pie on Saturday.
  (토요일에 파이를 만들었어.)

한편, cook은 '식사 준비를 하다'라는 뜻으로 사용되는 일이 많다.
- It's your turn to cook breakfast today.
  (오늘은 네가 아침 음식을 만들 차례야.)
- I'm going to cook a Thanksgiving dinner.
  (추수감사절 저녁 음식을 만들 거야.)
- I don't like to cook.
  (요리하는 거 좋아하지 않아.)
- I'm going to cook for you.
  (널 위해 요리를 만들게.)

단, 단순하게 식재료를 굽는 동작을 말할 때는 cook을 사용한다.
- Don't forget to cook the hamburger.
  (햄버거 굽는 거 잊지 마.)

Which is right?
정답은 어느 쪽일까요

오늘은 이삿날. 짐도 새 집으로 다 옮기고 이제 방을 꾸미는 일만 남았다. 도와 주러 온 친구들에게 물건을 어디에 두어야 할지 지시한다.

꽃병은 테이블 위에 장식해 줘.

1 Place the vase on the table.

2 Put the vase on the table.

잘못 말하면 네이티브에게는 이렇게 들린다

꽃병은 일단 테이블 위에 놓아 둬.

정답 = ①

place와 put은 놓는 방법이 전혀 다르다.

똑같은 '놓다'라도 place와 put은 놓는 방법에 큰 차이가 있다. place는 배치를 잘 생각해서 놓거나, 놓는 방법에 신경을 쓰는 경우에 사용한다. 예를 들면, 꽃병이나 그림 등의 소품을 인테리어로 장식하든지 책장에 책을 가지런히 꽂거나 하는 경우이다.

A. Place the sculpture on the shelf. Be careful.
(그 장식품은 선반에 둬. 조심해서 해.)
B. Like this?
(이렇게?)
A. A little to the left.
(좀 더 왼쪽으로.)

한편, put은 배치나 놓는 법을 그다지 생각하지 않고 우선 '놓다'라는 이미지다. 짐이나 의류, 음식 등을 장식하거나 진열할 필요가 없는 경우에 이쪽을 사용하는 일이 많다. place와 put으로 뉘앙스가 어떻게 바뀌는지 비교해 보자.

- I placed the painting by the door.
 (그 그림은 문 옆에 장식했다.)
- I put the painting by the door.
 (그 그림은 문 옆에 우선 걸어 두었다.)
- She placed Bill's picture next to her bed.
 (그녀는 빌의 사진을 침대 옆에 장식했다.)
- She put John's picture next to her bed.
 (그녀는 존의 사진을 침대 옆에 놓아 두었다.)

Which is right?
정답은 어느 쪽일까요

호텔 방에 들어서자 해변이 보인다고 한 것치고는 경치가 너무 나빠서 말문이 막힌다. 어떻게든 다른 방으로 바꾸고 싶다.

> 지배인한테 말해 봐야겠어.

1 I'll go talk to the manager.

2 I'll go speak to the manager.

잘못 말하면 네이티브에게는 이렇게 들린다

지배인한테 따끔하게 한마디 해주고 오겠어!

정답 = ①

Speak와 talk를 구별해서 사용하자.

speak to는 '불만을 말하다', '생각하고 있는 바를 확실히 말하다'라는 뜻으로 사용하므로 주의할 것.
- I spoke to the president about my bonus.
  (보너스 문제에 대해서 사장에게 따끔하게 한마디하고 왔어.)
- I'm going to speak to my neighbor about the noise.
  (소음에 관해서 이웃에게 한마디할 작정이야.)

talk to는 '말하다', '말해 두다'라는 뜻이다.
- I talked to my boyfriend about our vacation.
  (여행에 대해서는 남자친구와 얘기해 뒀어.)
- I'm going to talk to him immediately.
  (바로 그와 말해 볼 거야.)

각각의 사용법을 한 번 더 회화문에서 확인해 보자.
A. I spoke to her about the problem.
   (그 건에 관해서는 그녀에게 확실하게 한마디해 뒀어.)
B. What did she say? (뭐라고 하던?)
A. She apologized. (사과했어.)
A. I talked to her about the problem.
   (그 건에 관해서는 그녀와 얘기해 봤어.)
B. What did she say? (뭐라고 하던?)
A. She gave me some good advice. (이것저것 조언해 주더군.)

Which is right?
정답은 어느 쪽일까요

몰래 공부하기 시작한 스페인어를 말하는 모습을 보고 친구는 깜짝 놀란 표정이다. 어쩔 수 없이 친구에게 털어놓는다.

> 지난주에 스페인어를 배웠거든.

1 I learned Spanish last week.

2 I studied Spanish last week.

잘못 말하면 네이티브에게는 이렇게 들린다

지난주 1주일 만에 스페인어를 완전 마스터했어!

정답 = ②

공부만 한 것이라면 learn을 쓰면 안 된다.

learn은 똑같이 '배우다'라도 '습득하다', '몸에 익히다', '마스터하다'라는 뜻으로 사용된다. I learned Spanish last week라고 하면 '지난주에 1주일 만에 스페인어를 마스터했다'라는 뜻이 되어 버린다. 어학의 천재가 아니고서는 있을 수 없는 일.

- I learned French when I was a child.
  (나는 어린 시절에 프랑스어를 마스터했어요.)
- I learned how to use a computer in high school.
  (고등학교 때 컴퓨터 사용법을 배웠어요.)
- I learned how to drive in one month.
  (난 1개월 만에 운전을 할 수 있게 됐어.)

study는 말 그대로 '공부하다', '배우다'라는 뉘앙스로 사용된다. 따라서 I studied Spanish last week(지난주에 스페인어를 공부했어요)라고 해도 스페인어를 할 수 있게 되었는지는 별개의 문제이다.

- I studied cooking in France.
  (프랑스에서 요리를 배웠어요.)
- I studied Spanish last night.
  (어젯밤에 스페인어 공부를 했어요.)

단, 이 법칙은 과거형으로 말하는 경우에만 한정되므로 주의한다. 현재형이나 미래형으로 I want to learn Spanish나 I want to study Spanish 등으로 말하는 경우, 둘 다 '스페인어를 배우고 싶다'라는 뜻이 된다.

Which is right?
정답은 어느 쪽일까요

지인 부부의 외아들이 변호사 시험에 한 번에 합격했다. 기쁜 얼굴로 소식을 전하는 부인에게 진심으로 축하의 말을 건넨다면?

> 아드님이 정말 훌륭하네요.

1 Your son is special.

2 Your son is a special person.

잘못 말하면 네이티브에게는 이렇게 들린다

아드님은 지능 발달이 늦네요.

정답 = ②

special이 지닌 의외의 숨은 뜻.

special은 널리 알려진 바와 같이 '특별한'이라는 뜻이지만, Your son is special(~[사람 : 제3자] is special)이라고 말한 경우에는 다른 뜻을 가진 어구가 된다. 이 말은 '댁의 아드님은 지능 발달이 늦습니다'라는 뜻을 돌려 말하는 것으로, 의사가 환자의 가족에게 병의 증세를 설명할 때나 사용하는 표현이다.

- I'm sorry to tell you this, but your son is special.

 (이런 말씀을 드리게 되어 유감입니다만, 아드님은 지능 발달이 늦습니다.)

이런 뜻이 되는 경우는 제3자에 대해서 말할 때만이다. 예를 들면, You're special이라고 말하는 경우에는 이 뜻이 되지 않는다.

또한 영어로 special education이라고 하면 지능 발달이 늦은 사람을 대상으로 한 특별한 교육을 말한다. 이처럼 special은 의외의 뜻이 숨겨진 미묘한 단어이므로 사용할 때는 충분히 주의하자.

Your son is a special person은 말 그대로 '당신의 아드님은 훌륭하네요'라는 뜻이다. 또한 ~(사람) is special to me라고 하면 '~은 내게 있어 특별한 사람', 그러니까 '~를 사랑해요'라는 뜻이다.

- Your son is special to me.

 (당신의 아드님을 사랑하고 있어요.)

- You're not special.

 (넌 다른 사람과 똑같아. 특별취급은 안 해.)

Which is right?
정답은 어느 쪽일까요

큰길 한가운데서 발이 걸려 넘어졌다. 다들 이쪽을 보며 웃고 있다. 쥐구멍이 있다면 들어가고 싶다.

> 정말 부끄러웠어.

1 I was so embarrassed.

2 I was so ashamed.

잘못 말하면 네이티브에게는 이렇게 들린다

아, 정말 한심해!

정답 = ①

사람들이 쳐다봐서 부끄럽다 VS 내 자신이 한심하다.

embarrassed와 ashamed, 두 단어 모두 '부끄럽다'라는 뜻이지만 실제로 사용할 때는 명백한 차이가 있으므로 기억해 두도록 한다. 이 두 가지는 부끄러움의 종류에 차이가 있다.

embarrassed는 사람들에게 부끄러운 장면을 들켰을 때 사용하는 말로, '겸연쩍다', '쑥스럽고 부끄럽다'라는 뜻이다. 아무에게도 들키지 않았다면 사용하지 않는다.

- I was embarrassed by the way you dressed.
  (네 이상한 복장 때문에 정말 창피했어.)
- When you spilled coffee on me, I was so embarrassed.
  (네가 내 옷에 커피를 쏟았을 때 사람들이 쳐다봐서 정말 부끄러웠어.)

한편, ashamed는 자신이나 가족 등에 대한 것을 한심하게 생각할 때 사용하는 말이다. 그러니까 '부끄러워서 사람들에게 말하지 못하는 사정이 있다', '자신을 한심하게 생각하다'라는 뜻으로 사용된다. embarrassed와는 달리 남들에게 보이고 안 보이고의 문제가 아니다.

- I feel so ashamed for lying to my best friend.
  (최고의 친구에게 거짓말을 한 내가 부끄러워.)
- I feel so ashamed for doubting her.
  (그녀를 의심한 내 자신이 부끄러워.)
- I'm not ashamed of what I did.
  (나는 내가 한 일이 부끄럽지 않아.)

Which is right?
정답은 어느 쪽일까요

생일을 축하하기 위해 모두 레스토랑에서 식사를 하게 되었다. 하지만 한 친구가 일 때문에 못 오게 될 듯하다.

> 왔으면 좋겠는데 못 오겠지?

1 I doubt that he will come.

2 I suspect that he will come.

잘못 말하면 네이티브에게는 이렇게 들린다

안 오면 좋겠지만 올 게 분명해!

정답 = ①

doubt와 suspect에 숨겨진 차이.

I doubt...는 실현되기 힘든 일을 실망스럽게 말할 때 자주 사용하는 표현이다. I doubt that he will come이라면 '그 사람 안 올 거야', '그는 오기 힘들 거야'와 같은 뉘앙스이다. 이것은 '정말은 왔으면 좋겠다'라고 바라는 마음이 담겨 있는 표현이다.

예를 들면, I doubt that I'll win the race는 '이기고 싶은 마음은 굴뚝 같지만 그 경기는 어려울 것 같아', I doubt that she will get married는 '그녀가 결혼했으면 하지만 어려울 거야'와 같은 상황에서 쓸 수 있다.

A. I doubt that he will come.

(그는 오기 힘들지도 몰라.)

B. He'd better. I made reservations for three.

(그가 안 오면 안 돼. 세 사람 분을 예약해 두었단 말이야.)

한편, I suspect...는 일어나지 말았으면 하는 싫은 일을 예측할 때 자주 사용하는 표현이다. 그러니까 I suspect that Jack will come이라고 하면 네이티브에게는 '잭이 올지도 몰라', '싫지만 잭도 올지 몰라'라는 뜻으로 들린다.

A. I suspect that Jack will come.

(어쩌면 잭 그 녀석도 올지 몰라.)

B. Really? I didn't make reservation for him.

(그래? 그의 자리는 예약 안 했다고.)

A. Let's go before he comes.

(그 녀석이 오기 전에 빨리 나가자.)

Which is right?
정답은 어느 쪽일까요

옛날부터 알고 지내던 사람을 길에서 우연히 만났는데, 오랫동안 병석에 계시던 할머니의 안부를 물어 왔다. 할머니가 돌아가신 건 모르는 모양이다.

> 할머니는 결국 돌아가셨어요.

1 My grandmother eventually died.

2 My grandmother finally died.

잘못 말하면 네이티브에게는 이렇게 들린다

할머니가 겨우 죽어 주셨어요.

정답 = ①

finally는 기다리고 있던 것이 마침내 실현되었을 때.

잘못 말하면 위험한 발언이 될 수 있다. 이와 같은 상황에서 finally라고 말하면 네이티브에게는 마치 그렇게 되기를 간절히 바라고 있었던 것처럼 들린다. 즉, My grandmother finally died는 '할머니가 겨우 죽어 주셨어요'라며 기뻐하는 것처럼 들린다.

A. My uncle is rich. He finally died.
   (삼촌이 부자거든. 드디어 죽어 주셨지.)
B. Good. When are you going to get the money?
   (잘됐구나. 언제 돈이 들어오는 거야?)

그와 같은 뜻이 내포되어 있지 않으면서 '결국에는', '끝내'라고 말하고 싶다면 eventually가 적당하다. '많은 일이 있었지만 결국에는'과 같이 시간의 경과를 조용히 느끼게 하는 표현이다. My grandmother eventually died라고 하면 '할머니는 끝내 돌아가셨어요'라는 뜻이 된다.

finally와 eventually가 어떻게 다르게 사용되는지 알기 쉬운 예를 들어 비교해 보자.

- Bill and Jane finally got divorced.
  (빌과 제인은 겨우 이혼했어.)
- Bill and Jane eventually got divorced.
  (빌과 제인은 끝내 이혼해 버렸어.)
- She finally moved out.
  (그녀는 이제야 나가 주었어.)
- She eventually moved out.
  (여러 사정으로 그녀는 끝내 나가 버렸어.)

Which is right?
정답은 어느 쪽일까요

오늘은 아침부터 회의가 있다.
좀 있으면 12시, 오전은 이 정도로 마치고 점심 휴식을 갖자는 제안을 해 보자.

> 이쯤에서 한숨 돌립시다.

1 Let's take a break.

2 Let's take a rest.

잘못 말하면 네이티브에게는 이렇게 들린다

녹초가 됐어. 푹 좀 쉬자고!

정답 = ①

break와 rest는 쉬는 방법에 차이가 있다.

take a rest와 take a break은 둘 다 '휴식을 취하다'라는 뜻으로 해석할 수 있지만, 휴식 시간을 보내는 방법에는 큰 차이가 있다.

rest는 '몸의 피로를 풀다', '몸을 쉬다'라는 뜻이다. 따라서 Let's take a rest라는 표현은 피곤해서 '한동안 쉬자', '충분한 휴식을 취하자'라고 할 때 사용하는 것이 일반적이다. 아무것도 하지 않고 몸을 쉬는 일이 많다.

A. I'm out of breath. (벌써 숨이 차.)
B. Let's play one more game. (한 게임 더 해.)
A. Okay, but let's take a rest first. (그래, 하지만 그전에 먼저 쉬자.)

한편, break는 일의 사이사이에 취하는 '휴식'이나 '쉬는 시간'이라는 뉘앙스이다. 잠깐의 자유 시간을 말하는 것이다.

A. Let's take a break.
   (여기서 잠깐 휴식하자.)
B. Okay, we'll talk about the budget after the break.
   (그러면 예산에 관해서는 휴식 시간이 끝나고 말합시다.)

일을 하고 있을 뿐인데 Let's take a rest라고 하면 몸이라도 안 좋은 것은 아닌지 걱정을 끼치게 될지도 모른다.

마지막으로 한 번 더 사용법을 비교해 보자.
- Let's take a rest. I'm dead tired.
  (좀 쉬자. 완전히 녹초가 됐어.)
- Let's take a break. I need to call my wife.
  (여기서 잠깐 쉬자. 아내한테 전화를 해야 돼.)

Which is right?
정답은 어느 쪽일까요

오전 회의가 길어져 12시가 가까워 오고 있다. 회의를 끝내고 점심 시간을 갖기로 했다.

> 회의를 끝냅시다.

1 Let's finish the meeting.

2 Let's end the meeting.

잘못 말하면 네이티브에게는 이렇게 들린다

회의는 마지막까지 계속합시다.

정답 = ②

end와 finish는 끝나는 방법이 다르다.

같은 '끝내다'라도 end와 finish에는 용도상 명백한 차이가 있으므로, 네이티브는 이 두 가지를 확실히 나누어 사용한다.

end는 '~을 그만두다'라는 뜻의 '끝내다'이므로, Let's end the meeting은 '(도중이기는 하지만) 이것으로 회의를 끝냅시다'라는 뜻이 된다. 그러니까 Let's stop the meeting과 같은 뜻이다.

A. I have to deal with an emergency.
 (긴급한 용무가 생겼어요.)
B. Okay, let's end the meeting.
 (좋아요. 회의를 이걸로 마칩시다.)

한편, finish는 '~을 처리하다', '~을 결말짓다'라는 뉘앙스의 '끝내다'이다. Let's finish the meeting이라고 하면 '회의를 끝까지 합시다'라는 뜻이 된다. 또한 일을 끝낸 뒤 I'm finished라고 하면 '(일은) 끝났어'라는 뜻이 된다.

A. I'm tired. Can I go home?
 (지쳤어. 집에 가도 될까?)
B. Let's finish the meeting.
 (회의는 끝까지 하죠.)
A. Aren't you finished yet?
 (아직 일이 끝나지 않았어?)
B. I'm finished. Let's go get a drink.
 (끝났어. 한잔하러 가자.)

Which is right?
정답은 어느 쪽일까요

여자친구와의 약속을 까맣게 잊고 술을 마시러 간 다음날, 여자친구가 '어제는 어디 갔었어?'라고 추궁한다. 어떻게 하지? 집에 있었다고 하자.

바로 집에 갔는데.

1 I returned home.

2 I went home.

잘못 말하면 네이티브에게는 이렇게 들린다

부모님 댁에 갔었어.

정답 = ②

go home과 return home의 차이점은?

go home은 말 그대로 '집으로 돌아가다', '귀가하다'라는 뜻이다.
A. What did you do after work yesterday?
   (어제는 일 끝나고 뭐 했어?)
B. I went home. Why?
   (집에 갔는데, 왜?)
A. I thought I saw you at a bar.
   (바에서 널 본 것 같은데.)
B. It wasn't me.
   (난 아니야.)

return home은 뜻이 미묘하게 달라져서 go home에 비해 보통 때와는 다른 노력이 필요했던 것으로 들린다. 따라서 I returned home은 네이티브에게는 '부모님 댁에 갔었다', '고향에 다녀왔다'라고 들릴 수 있다.
A. What did you do during the summer vacation?
   (여름방학 때 뭐 했니?)
B. I returned home.
   (집에 갔었어.)
A. How are your parents?
   (부모님은 건강하셔?)

참고로 go back home도 '귀향하다'라는 뜻이 되므로 주의한다. 이 표현도 종종 잘못 사용되고 있다.

I went back home last week. (지난주에 고향에 다녀왔어요.)

Which is right?
정답은 어느 쪽일까요

남편이 항상 늦게 돌아온다고 친구가 화나 있다. '바람 피우는 것 같지 않니?'라고 진지한 얼굴로 물어 보는 친구에게,

나한테 묻지 마.

1 Don't question me.

2 Don't ask me.

잘못 말하면 네이티브에게는 이렇게 들린다

날 의심하지는 마!

정답 = ②

명사와 동사의 뜻이 전혀 다를 수 있다.

명사 question('질문'이라는 뜻)은 다들 알고 있으나 동사의 바른 사용법은 모르는 사람이 많다. 동사 question은 일반적으로 '의심하다'라는 뜻으로 사용된다. Don't question me라고 하면 '나를 의심하지 마'라는 뜻이 된다. 이는 자신이 의심을 받고 있을 때 하는 말이다. 자신이 의심을 받고 있는 상황은 아니므로 여기서는 부적절하다.

question을 사용한 다른 예문도 살펴보자.
- Are you questioning me?
  (날 의심하는 거야?)
- Stop questioning me.
  (날 의심하는 건 그만둬.)
- I don't want you to question me.
  (날 의심하지는 말아 줬으면 해.)

대답하기 어려운 질문을 받았을 때나 뭐라고 대답하면 좋을지 모를 때 네이티브는 Don't ask me라는 표현을 자주 사용한다. 이는 '나한테 묻는 건 곤란해', '나한테 묻지 마'와 같은 뜻의 표현이다.

me를 길게 올리면서 발음하면 보다 느낌이 살면서 네이티브다워진다.

A. Do you think he doesn't love me anymore?
   (그가 날 더 이상 사랑하고 있지 않다고 생각해?)
B. Don't ask me.
   (그런 것은 나한테 묻지 마.)

Which is right?
정답은 어느 쪽일까요

늦잠을 자는 바람에 급하게 올라탄 택시.
나는 마음이 급한데 운전기사 아저씨는 여유만만. 비행기 시간에 늦을지도 몰라!

> 아저씨, 좀 서둘러 주세요.

1 Will you hurry?

2 Please hurry.

잘못 말하면 네이티브에게는 이렇게 들린다

속도 좀 내요. 느려터져가지고…….

정답 = ②

Will you...는 불쾌감을 주는 말투.

이런 상황에서 Will you hurry?는 '좀 더 빨리 안 돼요?', '왜 이렇게 느리세요!'와 같은 느낌으로 네이티브에게는 불쾌감을 주게 된다.
이렇게 말하면 운전기사 아저씨에게 트집을 잡고 있는 것으로 보여질 뿐이다.

- Will you hurry? You're driving for slower than the speed limit.
  (저기요, 속도 좀 올려요. 제한속도보다 훨씬 느리잖아요!)

네이티브는 짜증을 낼 때 이 Will you...?라는 표현을 자주 사용한다. 예를 들면, 자신의 물건을 누군가 함부로 다룰 때,
Will you be more careful? (좀 조심해 주세요!)

시끄러운 노랫소리에 신경이 거슬려서,
Will you turn down the volume?(소리 좀 줄여 주시죠!)이라고 말한다.

Please hurry(서둘러 주세요)라고 하면 불쾌감은 느껴지지 않는다. 운전기사 아저씨에게 서둘러 줬으면 할 때는 망설임 없이 이 표현을 사용하자.
좀 더 정중하게 부탁하고 싶다면,
Could I ask you to hurry?(좀 서둘러 주실 수 있겠어요?)라고 말한다.

Which is right?
정답은 어느 쪽일까요

문을 열고 방을 나섰는데 방의 전깃불이 그대로 켜져 있다. 뒤따라 나오는 친구에게,

> 불 좀 꺼 줄래?

1 Would you mind turning off the lights?

2 Would you turn off the lights?

잘못 말하면 네이티브에게는 이렇게 들린다

불 좀 제대로 꺼!

정답 = ②

Would you mind...?는 정중한 표현이 아니다.

①의 Would you mind turning off the lights?는 '불 좀 제대로 끄란 말이야'와 같은 뉘앙스이다. 이와 같이 간단한 부탁을 하는데 Would you mind...를 사용하면 신경질적이고 불쾌한 표현이 되므로 불평하고 있는 것으로밖에 들리지 않는다.

정중한 표현이라고 착각하지 않도록 조심하자.

- Would you mind turning off the lights? Or is that too difficult for you?
  (전깃불 좀 제대로 꺼. 그런 것도 제대로 못하는 거야?)
- Would you mind not eating in the living room?
  (제발 거실에서 뭐 좀 먹지 마!)

Would you mind?만으로도 마찬가지로 불쾌한 말투가 된다. 이것은 상대방의 짜증나는 행동에 질려서 하는 말로, '(시끄러우니까) 좀 그만 할래?', '적당히 좀 하지?'와 같은 뜻이다.

예를 들면, 옆자리에서 양해도 구하지 않고 담배를 피우는 사람에게 Would you mind?(좀 꺼 주시죠), 전화하고 있는데 옆에서 시끄럽게 떠드는 사람에게 Would you mind?(좀 조용히 해 주세요)와 같이 사용할 수 있다.

일반적으로 '~해 주시겠어요?'라고 부탁하는 것이라면 Would you...?나 Could you...?를 사용한 표현이 가장 좋다.

Would you turn off the lights?는 '전깃불을 꺼 줄래요?', '전깃불을 꺼 주실 수 있을까요?'와 같은 뜻이다.

Could you turn off the lights?라고 해도 같은 뜻이다.

Which is right?
정답은 어느 쪽일까요

동료들과 겨울 휴가 때 어디로 놀러 갈지 의논하고 있다.
스키는 어떨까?

스키 타러 가자!

---

1 We could go skiing.

2 Maybe we could go skiing.

잘못 말하면 네이티브에게는 이렇게 들린다

스키 타러 가는 것도 좋지만…….

정답 = ②

maybe를 붙이면 긍정적인 표현.

We could go skiing은 그다지 내키지 않는 제안을 하는 경우의 표현으로, '스키 타러 가는 것도 좋지만', '스키 타러 가도 되기는 하지만'과 같은 뜻이다. 이것은 We could go skiing if we had to를 줄인 표현이다.

A. Look, it's snowing. We'll have to cancel our camping trip.
(봐, 눈이 내렸어. 캠핑은 중지해야 할 것 같아.)

B. We could stay home and watch TV.
(집에서 TV를 볼 수도 있겠지.)

여기서 We could...라는 표현에 Maybe를 붙이기만 하면 뉘앙스가 크게 변한다. Maybe we could go skiing이라고 하면 '스키 타러 가는 건 어때?', '스키 타러 가자!'라는 뜻으로 보다 긍정적인 표현이 된다.

Maybe는 '아마', '어쩌면'이라는 의미로 문장을 애매하게 만드는 단어지만, 사용법에 따라서는 문장을 보다 긍정적으로 만드는 역할을 하는 경우도 있다.

A. What are we going to do on the weekend?
(주말은 어떻게 할까?)

B. Any suggestions?
(무슨 생각 있어?)

C. Maybe we could go skiing!
(우리 스키 타러 가자!)

Which is right?
정답은 어느 쪽일까요?

친구 부부에게서 기다리고 기다리던 아기가 태어났다! 다함께 축하해 주자.

> 파티를 열자!

1 We need to have a party.

2 We should have a party.

> 잘못 말하면 네이티브에게는 이렇게 들린다

파티를 여는 게 좋다는 건 알고 있지만 말이야.

정답 = ①

should는 하고 싶은 마음이 생기지 않는 의무.

I[We] should...는 실제로는 '~해야 한다는 것은 알고 있지만 안 될 거야'와 같은 뜻이다. 소극적인 자세를 취할 때 자주 사용하는 표현이다.

여기에 really를 붙여서 I[We] really should...라고 하면 실행에 옮길 가능성이 더욱 적어진다. 예를 들어, We really should have a party라고 하면 네이티브에게는 '파티를 열어야 한다는 건 잘 알고 있지만 말이야'라는 뜻으로 들린다. 명백하게 그렇게 할 마음이 없다는 말투이다.

일반적으로 '~안 하면 안 되지', '~해야겠지'라고 말하고 싶다면 need to를 써서 표현하는 것이 쓸데없는 오해도 사라지게 되므로 가장 적합하다.

should와 need to를 비교해 보자.
- I should quit smoking.
  (담배를 끊어야 할 텐데 말이야.)
- I really should quit smoking.
  (담배를 끊어야 한다는 건 나도 잘 알고 있지만 말이야.)
- I need to stop smoking.
  (담배를 끊어야겠어.)
- I should study for the test.
  (시험공부를 하는 편이 좋겠지만 말이야.)
- I really should study for the test.
  (정말 시험공부를 안 하면 안 되는데 말이야.)
- I need to study for the test.
  (시험공부를 해야겠어.)

Which is right?
정답은 어느 쪽일까요

오늘은 클럽에서 춤을 추고 싶다. 친구한테 함께 가자고 물어 보려고 한다.

> 같이 가자.

1 Would you mind coming with me?

2 Would you care to come with me?

잘못 말하면 네이티브에게는 이렇게 들린다

싫겠지만 나와 함께 가 주지 않을래?

정답 = ②

Would you care to...는 즐거운 제안을 할 때.

Would you care to...?는 '~하지 않을래요?'라고 제안을 하는 표현이다. 이 표현에는 강요하는 뉘앙스가 전혀 없으며, 즐거운 제안을 할 때 자주 사용한다.

A. Where are you going?

(어디 가니?)

B. Camping. Would you care to come with me?

(캠핑 가. 함께 가지 않을래?)

A. Sure.

(좋지.)

한편, Would you mind...?는 다소 조심스럽게 부탁할 일이 있을 때 자주 사용하는 표현으로, '미안하지만 ~해 줄래?', '싫겠지만', '싫지 않으면 ~해 줘'라는 뜻이 된다.

그러니까 Would you mind coming with me?(같이 가 줄래?)에는 '싫다는 건 알지만', '이런 부탁을 하는 거 미안하지만'과 같은 뉘앙스가 포함되어 있는 것이다. 누군가에게 이런 말을 들으면 가는 곳이 그다지 즐거운 장소는 아닐 것이므로 각오를 하고 가야 할 것이다.

A. Where are you going?

(어디 가니?)

B. Shopping. Would you mind coming with me?

(쇼핑하러 가. 미안하지만 같이 가 주지 않을래?)

A. You just want me to carry your bags!

(내가 짐을 들어 줬으면 하는 거지!)

Which is right?
정답은 어느 쪽일까요

친구와 쇼핑몰에서 우연히 마주쳤다. 쇼핑이라도 하러 온 걸까?

> 무슨 일로 왔어?

1 What are you doing here?

2 Why are you here?

잘못 말하면 네이티브에게는 이렇게 들린다

이런 데서 뭐 하고 있는 거야?

정답 = ②

상사한테서 What are you doing here?라는 질문을 받았다면?

What are you doing here?는 네이티브에게는 '여기서 뭐 하는 거야?', '이런 데 있다니, 무슨 일이야?'라며 질책하고 있는 것처럼 들린다. 사실 이 말은 상대방을 야단칠 때 자주 사용하며, '넌 여기 있으면 안 될 사람인데'라는 뉘앙스가 숨겨져 있다.

A. What are you doing here?
(이런 데서 뭐 하는 거야?)

B. I'm just getting a drink.
(음료수를 사고 있어요.)

A. Get back to work!
(빨리 일이나 하러 가!)

보다 강한 어조로 말하고 싶다면 What in the hell are you doing here? 또는 What do you think you're doing here?(이런 데서 대체 뭐 하고 있는 거야?) 등이 자주 사용된다.

일반적으로 '왜 여기 있는 거야?', '여기서 뭐 하니?'라고 묻는다면 Why are you here?가 숨은 뜻 없이 깔끔하다. 같은 뜻으로 What brings you here?도 자주 사용한다.

A. Bill! I haven't seen you since high school.
(빌이잖아! 고등학교 졸업하고 처음이지?)

B. Why are you here?
(여기서 뭐 하니?)

A. I work here.
(나 여기서 일해.)

Which is right?
정답은 어느 쪽일까요

내가 좋아하는 야구선수가 아무도 모르게 근처 클럽으로 놀러 오는 모양이다. 그 사람은 어디서 그런 정보를 입수한 것일까?

> 어떻게 그런 걸 알고 있어요?

1 How would you know?

2 How do you know?

잘못 말하면 네이티브에게는 이렇게 들린다

네가 알 리 없잖아!

정답 = ②

would you가 항상 정중한 표현은 아니다.

How do you know?는 보통 '어떻게 알았어?'라고 가볍게 물을 때 쓰는 표현이다. 여기에 부정적인 뜻은 전혀 내포되어 있지 않다.

A. The third largest city in Japan is Osaka.
(일본에서 세 번째로 큰 도시는 오사카야.)

B. How do you know?
(어떻게 알았어?)

A. I read it in an encyclopedia.
(백과사전에서 읽었어.)

이것을 How would you know?라고 말하면 '네가 어떻게 그런 걸 알고 있지?', '어떻게 그런 말을 하지?', '모르는 소리 하지 마!'라는 뉘앙스가 된다. 네이티브에게는 자신의 말이 무시당하고 있는 것처럼 느껴질 것이다.

A. In Korea, it's hot all year around.
(한국은 1년 내내 더워.)

B. How would you know? You've never been to Korea.
(모르는 소리 하지 마! 한국에 가 본 적도 없으면서.)

마지막으로 부정적인 뜻이 포함되어 있지 않은 표현을 몇 가지 살펴보자.

- How come you know?
  (어떻게 알았어?)
- Where did you hear about that?
  (어디서 들었어?)
- How did you find that out?
  (어떻게 알았어?)

Which is right?
정답은 어느 쪽일까요

새 컴퓨터 프로그램을 샀는데 사용법을 잘 모른다. 그 사람에게 물어 보자.

> 좀 도와 주세요.

1 Can you help me?

2 Could you help me?

잘못 말하면 네이티브에게는 이렇게 들린다

부탁이니까 도와 주세요.

정답 = ①

Can you로 물으면 거절하기 쉽다.

Could you는 정중하다는 이미지가 있으나 약간 다른 느낌을 줄 때도 있다. 이 경우에 Could you help me?는 상대방의 능력이나 상황 등을 고려하지 않고 일방적으로 부탁을 하는 뉘앙스가 있다.

그에 비해 Can you help me?라는 표현은 상대방이 도와 줄 수 있는지 없는지를 직접적으로 묻는 표현이다. 부탁을 받은 입장에서는 Could you보다 Can you 쪽이 거절하기 쉽다. 그런 의미에서 Can you가 더 배려하는 표현이 될 수도 있는 것이다.

Can you와 Could you를 비교해 보자.
A. Can you help me with this software?
   (이 프로그램 사용법 아니?)
B. I can't, but Jim can.
   (아니, 짐은 할 수 있을 거야.)
A. Can you help me today?
   (오늘 도와 줄 시간 있니?)
B. No, but I can help you tomorrow.
   (안 돼. 하지만 내일은 괜찮아.)
A. Could you help me? I'm in a lot of trouble.
   (도와 주세요. 곤란한 상황이에요.)
B. What's the matter?
   (무슨 일이에요?)
A. My car won't start.
   (차 엔진이 걸리지 않아요.)

Which is right?
정답은 어느 쪽일까요

친구가 이사를 도와 달라고 한다. 힘들 때는 상부상조!

기꺼이 도와 줄게!

---

1 I'd be happy to help you.

2 I'm willing to help you.

잘못 말하면 네이티브에게는 이렇게 들린다

조건에 따라서는 도와 줄 수 있어!

정답 = ①

be willing to...는 조건이 따른다.

be willing to...가 '기쁘게 ~하다'라는 뜻이라고 생각하는 사람이 많을 것이다. 학교에서는 그렇게 가르치고 있다.

하지만 네이티브는 be willing to...를 '당신이 ~해 주면 나도 기쁘게 ~할게요', '만약 ~라면 나도 기쁘게 ~할게요'라며 조건을 내거는 경우에 자주 사용한다. 그러니까 I'm willing to help you if...라고 if절이 따라오는 경우가 많다. 대부분 그다지 마음이 내키지 않을 때의 표현이라고 할 수 있을 것이다.

- If you're willing to try, I'm willing to help you.
  (할 마음이 있다면 도와 줄게요.)
- I'd be willing to help you if I had enough time.
  (시간이 있으면 기쁘게 도와 주지.)
- I'm willing to help you if you promise to teach me English.
  (영어를 가르쳐 주면 기쁘게 도와 줄게요.)

아무 조건 없이 진심으로 기쁘게 도와 주고 싶다면 I'd be happy to help you나 아래의 표현을 사용하자. 모두 be willing to와 같은 부정적인 의미는 내포되어 있지 않다.

- I'd love to help you.
= I'm happy to help you.
  (기쁘게 도와 드릴게요.)
- Let me help you.
  (도와 드릴게요.)

Which is right?
정답은 어느 쪽일까요?

사랑하는 남자친구와 한동안 떨어져 지내게 되었다.
공항에 배웅하러 갔다가 왠지 쓸쓸해서 그에게 하는 한마디.

> 내 생각해야 돼.

1 Think of me.

2 Think about me.

잘못 말하면 네이티브에게는 이렇게 들린다

내 입장도 생각해 줘.

정답 = ①

전치사 하나로 크게 달라지는 뉘앙스.

think of와 think about는 같은 뜻으로도 보이겠지만, 상대방의 감정에 따라 다르게 사용된다.

Thank you for thinking of me.

(나한테 잘해 줘서 고마워.)

라고 말하는 경우에는 자신을 진심으로 생각해 주는 데 대한 감사의 마음을 표현하고 있다. 따라서 Think of me는 '나 잊으면 안 돼', '내 생각해'라는 뜻이 된다. 연인끼리 사용하면 좋은 로맨틱한 표현이다.

A. Think of me. I'll be missing you.

 (내 생각해. 보고 싶을 거야.)

B. I'm always thinking of you.

 (항상 널 생각하고 있어.)

think about...은 '~을 고려하다', '~에 대해서 (냉정하게) 판단하다'로 보다 현실적인 뉘앙스를 내포하고 있다.

Thank you for thinking about me.

(내 사정을 생각해 줘서 고마워.)

와 같은 경우에 사용한다.

그러므로 Think about me는 '내 입장도 생각해 줘', '난 어떻게 되는 거야!'라는 뜻으로 상대방에게 압력을 가하는 말로 들릴 수 있다.

- You didn't say anything to me about returning home. Think about me!

 (나한테는 고향에 간다는 말 한마디도 없이 너무하잖아! 난 어떻게 하라고!)

Which is right?
정답은 어느 쪽일까요

남자친구와 호수로 낚시를 하러 갔다. 한 마리도 낚지 못한 채 몇 시간이 지나면서 점점 지루해져만 가는데.

심심해.

1 I'm boring.

2 I'm bored.

잘못 말하면 네이티브에게는 이렇게 들린다

난 재미없는 인간이야!

정답 = ②

틀리기 쉬운 boring과 bored.

boring은 '심심한'이라는 뜻의 형용사이다. This book is boring(이 책은 재미없어), The project is boring(그 기획은 지루해)과 같이 사용한다. 따라서 I'm boring이라고 하면 자신이 재미없는 사람이라는 뜻이 된다.

A. Jack said he doesn't want to marry me.
　(잭이 나와 결혼하고 싶지 않대.)
B. Why did he say that?
　(왜 그런 말을 한 거지?)
A. I'm boring.
　(내가 재미없대.)

재미없는 TV 프로그램이나 영화를 보고 '지루했어'라고 말할 때는 수동태로 I'm bored라고 한다.
bore는 동사로 '재미없게 하다'라는 뜻.

A. I'm leaving.
　(그만 갈래.)
B. But the movie just started.
　(하지만 영화 막 시작했잖아.)
A. I'm bored.
　(재미없어.)

Which is right?
정답은 어느 쪽일까요

오늘은 왠지 테니스가 잘 되는 날. '시합은 어떻게 됐어?'라는 질문을 받고 자랑스럽게 대답한다.

> 대부분 내가 이겼어.

1 I almost won.

2 I mostly won.

잘못 말하면 네이티브에게는 이렇게 들린다

거의 이길 뻔했는데……

정답 = ②

almost won은 패배, mostly won은 승리.

I almost won은 '거의 이겼는데', '이길 뻔했는데'라는 뜻이다. 그러니까 좋은 승부를 펼쳤지만 결국 졌다는 뜻이 된다.

almost는 '거의', '하마터면'이라는 뜻이다. '거의 ~할 수 있었다', '거의 ~하는 데까지 갔다'와 같이 계속 달성하지 못하고 있는 어떤 일에 대해서 말할 때 이 almost를 사용한다. 또한 하마터면 일어날 뻔했던 위험을 피하고 나서 '하마터면 ~할 뻔했다'라고 가슴을 쓸어내리면서도 사용한다. 각각의 예문을 보자.

- I almost had her convinced, but someone got in the way.
  (거의 그녀가 넘어올 뻔했는데 누군가 방해했어.)
- I almost got hit by a car.
  (거의 차에 치일 뻔했어.)

mostly는 '거의 대부분', '대부분은'이라는 뜻으로, I mostly won이라고 하면 '대부분의 시합에서 이겼어'라는 의미가 된다. 그러니까 시합에서 아주 많이 이겼을 때 하는 표현이다.

- I mostly go home at six o'clock.
  (나는 거의 매일 6시에 집에 돌아가.)
- I mostly work at home.
  (나는 거의 매일 집에서 일해.)

Which is right?
정답은 어느 쪽일까요

주디의 집에 모여 비디오를 보기로 했다. 한 친구가 공포영화를 빌려 왔는데 주디 집에는 어린애가 있어서 함께 보는 건 무리일 것 같다.

> 그녀에게는 애가 있어.

1 She is with child.

2 She is with a child.

잘못 말하면 네이티브에게는 이렇게 들린다

그녀는 임신했단 말이야!

정답 = ②

be with child는 '임신했다'라는 뜻이다.

child에 관사 a를 붙이지 않고 She is with child라고 하면 '그녀는 임신했어요'라는 뜻이 된다. be pregnant라는 표현을 떠올리는 사람이 많겠지만, 이 표현은 네이티브에게는 너무 직접적이라서 의학적인 느낌을 준다. 조금 더 세련된 표현을 사용하고 싶다면 이 be with child를 써 보자.

A. Is Jane going rock climbing with us?
(제인도 우리와 함께 암벽 등반 가니?)

B. No, she's with child.
(아니. 제인은 지금 임신 중이야.)

A. Where is your wife? Isn't she coming?
(부인은 어디 있어? 안 오니?)

B. Actually, she's with child.
(사실은 지금 임신 중이야.)

관사 a를 붙인 She is with a child는 '그녀는 애를 데리고 있어요', '아이와 함께 있어요'라는 뜻이다. 관사 a가 있는 것과 없는 것은 이 정도로 뜻이 달라진다.

A. Is Alice alone today?
(앨리스는 오늘 혼자야?)

B. No. She's with a child.
(아냐. 아이와 함께야.)

Which is right?
정답은 어느 쪽일까요

아르바이트하는 가게 금고에 돈이 부족해서 큰 소동이 벌어졌다. 사실은 같이 아르바이트하는 여자 점원이 돈을 훔치는 것을 목격했다. 보고도 못 본 체하는 것은 잘하는 일이 아니겠지?

> 그녀가 돈을 훔치는 걸 봤어요.

1 I saw her take the money.

2 I watched her take the money.

잘못 말하면 네이티브에게는 이렇게 들린다

그녀가 돈을 훔치는 걸 가만히 보고 있었어요!

정답 = ①

see와 watch는 보는 방법에 따라 달리 사용된다.

watch는 '가만히 보다', '지켜보다'라는 뜻으로 사용된다. 따라서 I watched her take the money는 '그녀가 돈을 훔치는 걸 조용히 지켜봤어요'라는 뜻이 된다. 이렇게 말하면 공범으로 오해를 받을지도 모르겠다.

A. Did you steal the money?

(네가 돈을 훔쳤니?)

B. I watched her take it.

(그녀가 훔치는 걸 가만히 보고 있었어요.)

A. Well, why didn't you stop her?

(왜 안 막은 거야?)

watch를 바르게 사용한 예문을 보자.
- I watched the sun go down.

  (태양이 지는 것을 가만히 바라보았다.)
- I watched the bird feeding its babies.

  (새가 새끼들에게 먹이를 주는 모습을 가만히 지켜보았다.)

I saw her take the money라고 하면 '그녀가 돈을 훔치는 걸 우연히 봤어요'라는 뜻이 된다. see는 '목격하다', '~가 보이다'라는 뜻이다.

A. Did you take the money?

(네가 돈을 훔쳤어?)

B. I saw her take it.

(그녀가 훔치는 걸 봤어요.)

Which is right?
정답은 어느 쪽일까요

가업을 잇기 위해 일을 그만두고 고향으로 내려가게 되었다.
친구에게 전하려고 전화를 걸었다.

> 회사를 그만뒀어.

1 I quit my job.

2 I quit my company.

잘못 말하면 네이티브에게는 이렇게 들린다

회사를 집었어.

정답 = ①

그만두는 것은 company(회사)가 아니라 job(일).

단순히 일하고 있었던 회사를 그만두는 것이라면 I quit my job이라고 하는 것이 일반적이다. 이렇게 말하면 '회사를 그만두었다', '회사를 사직했다'라는 뜻이다. 여기서의 job은 '직업', '일'을 말한다. 영어에서는 'company(회사)를 그만두다'가 아니라 'job(일)을 그만두다'라고 표현한다는 것을 기억해 두자.

한편, I quit my company는 네이티브에게 '회사를 접었다'라고 말하는 것처럼 들린다. 우리말을 그대로 직역하면 실패하게 되는 대표적인 예다.

대부분의 사람들이 잘못 사용하고 있는 이 표현은 영어 자체로도 바른 표현이 아니다. 네이티브에게 '회사를 접었다', '회사 문을 닫기로 했다'라고 들리기는 하지만, 이렇게 말하는 경우에도 I closed my company가 바른 영어이다. 또한 go out of business를 사용한 I went out of business도 같은 뜻이다.

- I closed my company. We were getting deeper and deeper in debt.
  (회사를 접었어. 적자가 너무 불어서 말이야.)
- I've decided to close my company this September.
  (이번 9월에 회사 문을 닫기로 했어요.)
- When he turned 65, he decided to go out of business.
  (그는 65세가 되면 사업을 그만두기로 결심했다.)

Which is right?
정답은 어느 쪽일까요

부당한 이유로 회사에서 해고를 당했다. 이대로는 마음이 진정되지 않는다. 걱정이 되어 찾아온 친구에게 이미 변호사와는 상담했다고 고백한다.

변호사를 만나고 왔어.

1 I met a lawyer.

2 I met with a lawyer.

잘못 말하면 네이티브에게는 이렇게 들린다

변호사가 직업인 사람을 알게 되었어.

정답 = ②

I met a...는 만남이 있었을 때 하는 말.

I met a...(사람)는 '~와 알게 되었다', '~와 만났다'라고 할 때 사용하는 표현이다. 예를 들면, I met a nice guy today(오늘 멋진 남자를 만났어)와 같이 사용할 수 있다.

A. I met a lawyer yesterday.
   (어제 변호사를 알게 됐어.)
B. That's nice. Is he your type?
   (잘됐네. 네 타입이야?)
A. I think so. We're going to the movies next week.
   (그런 것 같아. 다음 주에 영화 보러 갈 거야.)

그리고 I met...(인명)이라고 하면 일반적인 '~를 만났다'라는 뜻이다.

- I met Sally at the shopping mall today.
  (오늘 쇼핑몰에서 샐리를 만났어.)

meet with...(사람)라고 하는 경우에는 '(어떤 목적으로) ~를 만나다', '~를 만나서 이야기를 하다', '~에게 상담을 하러 가다'라는 뜻이 된다. 어떤 목적이 있어서 사람을 만났을 때 이 표현을 사용한다.

A. I met with a lawyer yesterday.
   (어제 변호사를 만나고 왔어.)
B. Did he give you some good advice?
   (뭔가 좋은 조언이라도 해 주던?)
A. Well, he told me I should sue the company.
   (응, 회사를 고소하래.)

Which is right?
정답은 어느 쪽일까요

3시 회의까지 자료를 출력하지 않으면 안 되는데 컴퓨터가 고장이 났다! 컴퓨터에 대해 잘 아는 동료를 불러 도움을 받기로 했다.

> 부탁이야. 3시까지 이 컴퓨터 좀 고쳐 줘.

1 Please fix this computer until 3:00.

2 Please fix this computer by 3:00.

잘못 말하면 네이티브에게는 이렇게 들린다

3시까지 계속 이 컴퓨터를 고치고 있어야 해!

정답 = ②

by는 '~까지', until은 '~까지 계속'.

'~까지'라고 말하려 할 때 혼동하기 쉬운 until과 by. 잘못 말하면 의미가 달라지므로 조심하자.

by는 '~까지'라는 뜻이다. '~(때)까지 ~을 끝내다', '~(때)까지 ~하자'와 같은 말을 할 때는 by를 사용한다.

A. Let's eat by 7:00.

(7시까지는 식사를 끝내자.)

B. Okay, I'll make some spaghetti.

(알았어. 그럼 스파게티 만들게.)

A. Sounds good.

(좋아!)

참고로 by와 before는 같은 뜻이다. Let's eat before 7:00은 '7시 전에 다 먹자'이다.

한편, until은 '~까지 계속'이라는 뜻이다. 따라서 Please fix this computer until 3:00은 '3시까지 계속 이 컴퓨터를 고치고 있어'라는 뜻이 되어 버린다. 이건 단순히 심술을 부리는 말밖에 되지 않는다.

A. Let's eat until 7:00.

(7시까지 계속 먹자.)

B. It's only 5:00. I can't eat for two hours!

(아직 5시야. 두 시간이나 계속 먹고 있을 수는 없다고!)

Which is right?
정답은 어느 쪽일까요

친구가 에어컨의 리모컨을 들고 고전 중이다. 타이머를 설정하는 방법을 잘 모르는 듯하다. 그 정도는 아주 간단한데 말이다.

> 봐, 이렇게 하는 거야.

1 I'll tell you how.

2 I'll teach you how.

잘못 말하면 네이티브에게는 이렇게 들린다

내가 비법을 전수해 줄게.

정답 = ①

tell과 teach는 가르치는 방법이 다르다.

tell과 teach에는 둘 다 '가르치다'라는 뜻이 있지만, 가르치는 방법에 명확한 차이가 난다.

우선 tell부터 설명해 보겠다. tell은 간단한 일을 한두 마디로 가르칠 때 사용한다.

- Would you tell me your name?
  (이름을 가르쳐 주시겠어요?)
- Could you tell me your address?
  (주소를 가르쳐 주시겠어요?)
- He told me his telephone number.
  (그가 전화번호를 가르쳐 줬어.)
- Tell me what happened at the party.
  (파티에서 무슨 일이 있었는지 가르쳐 줘.)

한편, teach는 어느 정도의 노력이나 학습이 필요한 경우에 사용하는 것이 일반적이다. 따라서 에어컨을 조작하는 정도의 일로 I'll teach you how 라고 하면 '내가 전수해 주겠어', '내가 제대로 이해될 때까지 교육해 줄게' 라는 식으로 들리게 되므로 무척 부자연스럽다.

- Would you teach me how to speak Japanese?
  (일본어를 가르쳐 주시겠어요?)
- Could you teach me how to make a crane with paper?
  (종이학 접는 법을 가르쳐 주시겠어요?)
- He taught me how to improve my sales.
  (그가 영업 실적을 올리는 법을 가르쳐 줬어요.)

Which is right?
정답은 어느 쪽일까요

외출 준비를 하고 있는데 친구로부터 전화가 걸려 왔다. 새롭게 문을 연 클럽에 가자고 한다. 가고 싶지만 오늘 선약이 있다.

> 친구와 저녁 약속이 있어.

1 I'm going to have dinner with a friend.

2 I'm going to have dinner with my friend.

잘못 말하면 네이티브에게는 이렇게 들린다

너처럼 그냥 그런 친구가 아니라 제대로 된 친구와 저녁 약속이 있어.

정답 = ①

충격! 친구라고 생각했는데…….

I'm going to have dinner with my friend는 소중한 친구에게는 사용하지 말아야 할 표현이므로 기억해 두자. 문제는 my friend이다. 이 부분이 의도하지도 않았는데 강조되어 '내 진정한 친구'라는 뉘앙스가 되어 버린다. 따라서 이런 말은 네이티브에게는 '당신은 친구가 아니며 오늘 밤에는 제대로 된 친구와 저녁을 먹는다'라고 들리게 된다. 실수로 이런 말을 사용하면 Well, aren't we friends?(그럼 우린 친구가 아닌 거야?)라고 진지한 얼굴로 물어 올지도 모른다.

A. Would you like to go to the zoo with me?
(같이 동물원에 가지 않을래?)
B. I can't. I'm going to have dinner with my friend.
(안 되겠어. 난 진짜 친구랑 저녁 먹으러 가기로 했거든.)
A. I thought we were friends.
(우린 친구라고 생각했는데.)

my를 부정관사 a로 바꾸어 I'm going to have dinner with a friend라고 하면 그런 오해는 발생하지 않는다.

A. Let's go to the beach tomorrow.
(내일 해변에 가요.)
B. I can't. I'm going to have dinner with a friend.
(안 되겠어. 친구와 저녁 먹으러 가기로 했거든.)
A. Okay, maybe another time.
(좋아, 다음에 같이 가자.)

Which is right?
정답은 어느 쪽일까요

룸메이트에게로 전화가 걸려 왔다. 하지만 룸메이트는 지금 없으니까 돌아오면 연락하도록 하겠다고 했다.

> 전화하라고 할게요.

1 I'll have her call you.

2 I'll make her call you.

잘못 말하면 네이티브에게는 이렇게 들린다

그녀가 싫어해도 강제로 전화하도록 할게요.

정답 = ①

make+사람+동사 → '싫어하는 사람에게 강제로 시키다'.

have+사람+동사는 '~(사람)에게 ~시키다'라는 뜻이 된다. 편리한 표현이므로 외워 두자.

A. Is Mary there?
 (메리 있어요?)
B. I'm afraid not, but I'll have her call you.
 (지금 없어요. 돌아오면 전화하라고 할게요.)
A. Thanks a lot.
 (고맙습니다.)

make+사람+동사로 말하면 뉘앙스가 크게 달라지므로 주의한다. 이 표현은 '~(사람)에게 강제로 ~시키다'라는 뜻으로 사용되는 것이 일반적이다. 그러니까 싫어하는 사람에게 강제로 뭔가를 시킬 때 사용하는 표현.

A. Jane said she would call me, but she hasn't.
 (제인이 전화하기로 했는데 안 하네.)
B. Don't worry. I'll make her call you.
 (걱정 마. 무슨 일이 있어도 전화하도록 할게.)

뉘앙스의 차이를 한 번 더 비교해 보자.
- I'll have him pay for breaking my computer.
 (그가 컴퓨터를 고장 냈으니까 변상하라고 할 거야.)
- I'll make him pay for breaking my computer.
 (그가 컴퓨터를 고장 냈으니까 싫다고 해도 변상하게 만들 거야.)

Which is right?
정답은 어느 쪽일까요

비행기에서 앞좌석에 앉아 있는 사람이 좌석을 눕혀도 좋을지 물어본다. 식사도 끝났고 괜찮을 것 같다.

> 그러세요. 괜찮습니다.

1 I don't mind.

2 I don't care.

잘못 말하면 네이티브에게는 이렇게 들린다

니 맘대로 해!

정답 = ①

I don't care는 자포자기로 하는 말.

'괜찮아요'라고 상대방의 부탁을 기분 좋게 받아들이거나, 사죄하는 사람을 배려해서 '상관없어요'라고 대답할 때, 네이티브는 I don't mind라는 표현을 자주 사용한다. 이는 깔끔하면서도 기분 좋은 말이다.

A. I might be a few minutes late. Can you wait for me?
(약속 시간에 몇 분 늦을 것 같아. 좀 기다려 줄래?)

B. I don't mind.
(괜찮아.)

A. I'm afraid I can't go to your party tomorrow.
(내일 네 파티에 못 가게 될 것 같아.)

B. I don't mind. I know you're busy.
(괜찮아. 바쁘다는 거 다 알아.)

잘못해서 I don't care라고 말하지 않도록 하자. 이 말은 '니 맘대로 해!', '어떻게 되든 상관없어!'와 같은 뉘앙스로 상당히 불쾌감을 주는 말이다. 이런 건방진 말을 들으면 누구든 기분이 좋지 않을 것이다.

A. Would it be all right if I sat here?
(여기 앉아도 될까요?)

B. I don't care.
(당신 맘대로 하시죠.)

A. I'm afraid I can't go to your party tomorrow.
(내일 네 파티에 못 가게 될 것 같아.)

B. I don't care. I didn't want you to come anyway.
(니 맘대로 해. 어차피 안 왔으면 했어.)

Which is right?
정답은 어느 쪽일까요

공항으로 가는 도로는 심하게 정체되어 있다. 비행기 시간은 다가오는데 줄지어 늘어선 자동차는 움직일 생각을 하지 않는다. 제시간에 도착할 것이라는 희망을 버리지 않고 있는 친구에게,

> 도저히 안 될 것 같아.

1 Slim chance.

2 Fat chance.

이 문제에 대해서는

힌트 없음!

정답 = ①과 ②(둘 다 같은 뜻)

slim도 fat도 같은 뜻!

Slim chance는 기회가 슬림하기(얇기) 때문에 당연히 '희망이 희박하다'이다. 그러면 Fat chance는 그 반대로 생각되겠지만, 이 말도 '희망이 희박하다'로 같은 뜻이다.

Slim chance는 There is only a slim chance of that happening(그런 일이 일어날 가능성의 거의 없어)을 줄여서 말한 것과 마찬가지다. '힘들 것 같아', '전혀 기대할 수 없어'와 같은 뉘앙스이다.

A. Do you think John will win a gold medal?
   (존이 금메달을 딸 수 있을까?)
B. Slim chance.
   (힘들 거야.)

문제는 Fat chance인데, 이는 Slim chance를 비꼬아서 하고 있는 말일 뿐이다. 뜻은 완전히 같다.

A. I'm going to be the next president of the company.
   (차기 사장은 내가 될 거야.)
B. Fat chance.
   (그런 일은 없을 걸.)

영어에는 이와 같은 신기한 표현이 꽤 존재한다. That's great이 그 좋은 예다. 문자 그대로 번역해 보면 '대단하다'라고 칭찬하는 말이 되지만, 실제로는 정반대의 뜻으로 사용되는 일이 대부분이다. 실망해서 '너무해!', '최악이야!'라는 말이 된다.

Which is right?
정답은 어느 쪽일까요

헤어진 여자친구가 다른 남자와 결혼한다고 한다. 복잡한 기분인데, 친구들은 '정말 괜찮은 거야?'라고 묻는다. 일부러 아무렇지 않은 체하며,

> 난 아무렇지 않아!

1 I could care less.

2 I couldn't care less.

이 문제에 대해서도

힌트 없음!

정답 = ①과 ②(둘 다 같은 뜻)

영어는 세계 7대 불가사의. 여기서 could와 couldn't는 같은 뜻.

이 두 가지 표현은 완전히 같은 의미로 쓰인다. 논리적으로 could care less는 '조금은 신경 쓰다', '조금 곤란하다'이지만, 네이티브에게는 둘 다 '신경 안 써', '전혀 상관없어'라는 뜻으로 사용된다.

원래는 I couldn't care less가 예전부터 사용되어 온 바른 영어이다. 그러나 언제부턴가 I could care less와 혼동해서 사용하는 사람이 늘기 시작하여, 현재는 둘 다 바른 영어 표현으로 정착되어 있다.

A. Your ex-girlfriend is getting married.

(네 옛날 여자친구가 결혼한대.)

B. I could care less.

(난 아무렇지 않아.)

A. My boyfriend bought me a new car.

(남자친구가 새 차를 사 줬어.)

B. I couldn't care less.

(나하고는 상관없는 일이야.)

한국어에도 설명이 되지 않는 이상한 표현들이 많이 있다. 그것은 영어에서도 마찬가지다.

Which is right?
정답은 어느 쪽일까요

차를 몰고 약속 장소로 가는 도중에 끼어든 차와 접촉사고가 일어났다. 만나기로 한 친구에게 전화를 걸어 사정을 말한다.

> 사고가 있었어.

1 I had an accident.

2 I was in an accident.

잘못 말하면 네이티브에게는 이렇게 들린다

오줌 쌌어!

정답 = ②

①은 사고가 아니라 옷에 오줌을 쌌다는 말로 들린다

I had an accident는 원래 '사고가 있었다'라는 뜻의 표현이지만, 실제로 네이티브가 그런 뜻으로 이 표현을 사용하는 일은 거의 없다. 이는 상황에 따라서는 '오줌 쌌어'라는 황당한 뜻이 되기도 한다.

이 말을 들은 네이티브가 You better change your underwear(빨리 속옷 갈아입어야겠다)라고 엉뚱한 걱정을 하게 될 듯하다.

많이 돌려서 사용한 표현이기는 하나 네이티브들 간에는 이렇게 사용하는 것이 깊숙이 정착되어 있다.

- I was so scared I almost had an accident.
  (너무 무서워서 오줌 쌀 뻔했어.)
- I'm afraid my son had an accident.
  (아들이 오줌을 싸 버렸어요.)

'사고를 당하다', '사고가 나다'라고 할 때는 be in an accident라는 표현이 자주 사용된다. 물론 사고에는 여러 가지 형태가 있겠지만, 이렇게 말하면 자동차 사고를 떠올리게 된다.

- I was in an accident and broke my leg.
  (교통사고로 다리를 다쳤어.)
- I was in an accident and my car was destroyed.
  (사고로 차가 부서졌어.)

Which is right?
정답은 어느 쪽일까요

지갑을 도둑맞았다고 얼굴이 벌개져서 화가 나 있는 친구의 흥분을 가라앉히려고 한다.

> 당황할 것 없어.

1 Don't lose your head.

2 Don't lose your mind.

잘못 말하면 네이티브에게는 이렇게 들린다

너 미친 거 아냐?

정답 = ①

'머리'와 '마음'을 바꾸어 말하지 말 것.

lose one's head는 '냉정함을 잃다', '허둥대다', '당황하다'라는 뜻이다. Don't lose your head는 '그렇게 발끈하지 마', '침착해'라고 화를 내거나 허둥대고 있는 상대방의 흥분을 가라앉히려고 할 때 쓰는 말이다.

사용법을 확인해 보자.

A. I can't believe he stole my car! That bastard!
(내 차를 훔치다니! 나쁜 녀석!)
B. Don't lose your head! He just borrowed it.
(진정해. 빌려 갔을 뿐이잖아.)

한편, lose one's mind는 '머리가 이상해지다', '미치다'라는 뜻이다. 따라서 Don't lose your mind라고 하면 '무슨 미친 소리야', '머리가 이상한 거 아냐?'라는 뜻이 된다. 제정신을 잃고 말도 안 되는 행동을 하는 사람에게 쓰는 표현이다. Have you lost your mind?도 자주 쓴다.

A. I can't believe he cheated on me! I'm going to kill him!
(그가 바람을 피우다니! 죽여 버릴 테야!)
B. Don't lose your mind!
(너 미쳤니?)
A. Would you like some ice cream?
(아이스크림 먹을래?)
B. Have you lost your mind? It's freezing.
(미쳤니? 이렇게 추운데.)

Which is right?
정답은 어느 쪽일까요

네이티브와 대화를 나누던 도중에 자신의 영어가 제대로 전달되고 있는지 불안하다.

> 제가 하는 영어 알아듣겠어요?

1 Do you understand?

2 Did you understand?

잘못 말하면 네이티브에게는 이렇게 들린다

잘 알겠나?

정답 = ②

Do you understand?는 다그치거나 꾸짖을 때 쓰는 말.

상대방이 나의 말을 제대로 이해했는지 확인할 때 Do you understand? 라며 현재형을 쓰지 않도록 조심하자. 네이티브의 귀에는 '알겠지!', '알아들었지!'라며 꾸짖고 있는 것처럼 들린다. 이 말은 상사가 부하 직원을, 부모가 자식을 야단칠 때 자주 쓰는 표현으로, 명백하게 지위가 높은 사람의 입장에 있을 때만 주로 사용된다. 어떤 일이 있어도 상사에게는 절대로 사용하지 않도록 주의하자.

A. I want you to finish by 3:00. Do you understand?
(3시까지 일을 끝내도록 해. 알겠지?)

B. Yes, I do.
(네, 알겠습니다.)

A. No excuses.
(변명은 안 통해.)

보통 '내가 무슨 말을 하는지 알겠어요?'라고 물을 경우 과거형으로 Did you understand?라고 하면 된다. 또한 난해한 설명을 함께 듣고 있는 사람에게 이렇게 말하면 '무슨 말인지 알겠어?', '지금 한 말 이해돼?'와 같은 뜻이다.

A. I think he just explained the theory of relativity.
(그 사람 상대성이론에 대해 설명했던 것 같아.)

B. Did you understand?
(무슨 소린지 알아들었어?)

A. Not at all.
(전혀 모르겠어.)

Which is right?
정답은 어느 쪽일까요?

저녁식사 모임에서 친구로부터 요리 맛을 봐 달라는 부탁을 받았다. 좀 싱거운 것 같은데, 옆에서 같이 맛을 보고 있던 친구에게도 물어 본다.

> 어떤 것 같아?

1 How do you think?

2 What do you think?

잘못 말하면 네이티브에게는 이렇게 들린다

바보 같은 질문 하지 마!

정답 = ②

성가신 질문은 How do you think?로 되받아치자.

What do you think?는 '어떻게 생각해?'라고 상대방의 의견을 물을 때 쓰는 표현이다. 이 표현은 특별히 내포된 뜻이 없어 다양한 상황에서 가볍게 쓸 수 있다. 예를 들면, I bought a new car. What do you think?(새 차를 샀어. 어떻게 생각해?)처럼 말이다.

이 말을 How do you think?라고 잘못 쓰는 사람을 자주 보는데, 이 표현은 전혀 다른 상황에서 사용된다. 귀찮은 질문을 받았을 때 되받아치는 말로 '당연한 질문 좀 그만 해', '일일이 말 안 해도 알잖아'와 같은 뜻이다. 네이티브에게는 '바보 같은 질문 하지 마!'라고 질책하는 것처럼 들린다.

A. How did you get here?
(어떻게 왔어?)
B. By car. How do you think?
(차. 당연한 거 아냐?)
A. I thought maybe you walked.
(걸어서 왔나 해서.)
B. That would take three hours, stupid.
(걸으면 세 시간 걸린다고. 멍청하긴.)

A. Why do you always get good grades?
(어떻게 매번 좋은 성적을 받는 거야?)
B. I study. How do you think?
(공부하니까. 당연한 걸 묻는구나!)

Which is right?
정답은 어느 쪽일까요

예전에 교사였던 존을 남자친구를 찾고 있는 여자에게 소개해 주기로 했다. 존의 직업이 뭔지를 묻는 여자에게,

> 존은 예전에 교사였어.

1 John used to be a teacher.

2 John was a teacher.

잘못 말하면 네이티브에게는 이렇게 들린다

존은 생전에 교사였어요.

정답 = ①

John was a teacher는 고인을 기리는 표현.

John was a teacher는 네이티브에게 '존은 생전에 교사였어요'라는 말로 들린다. 그러니까 John was a teacher all of his life(존은 죽을 때까지 교사였어요)와 같은 말이다. 모르고 쓰다가는 상대방을 깜짝 놀라게 할 것이다.

A. John was a teacher.
   (존은 생전에 교사였어.)
B. I know. He was a great person.
   (그래. 훌륭한 분이셨지.)

사람 이름을 주어로 한 was a...라는 표현은 고인에 대해 천천히 회상할 때 자주 사용하는 표현이다. 그야말로 상갓집에서 자주 사용될 듯한 표현인 것이다.

- John was a good person.
  (존은 좋은 사람이었어.)
- John was a good friend.
  (존은 좋은 친구였어.)

일반적으로 '예전에는 ~을 했어'라고 말해 줄 때에는 used to be a...를 많이 쓴다.

A. This is John. He used to be a teacher.
   (얘는 존이야. 예전에 교사였어.)
B. Oh, really? Where did you teach?
   (그래요? 어디서 가르쳤어요?)

Which is right?
정답은 어느 쪽일까요

오늘은 상사와 함께 출장을 간다. 무척 바쁜 일정이 될 듯하여 사전에 만들어 둔 예정표를 상사에게 건네주었다.

> 미리 예정표를 만들어 왔어요.

1 I made a schedule before.

2 I made a schedule earlier.

잘못 말하면 네이티브에게는 이렇게 들린다

이전에 예정표를 만들어 본 적이 있어요.

정답 = ②

헷갈리기 쉬운 before와 earlier의 사용법.

I made a schedule before는 '이전에 예정표를 만들어 본 적이 있어요'라는 뜻이다. 그럼에도 이 표현은 문법적으로도 맞지 않다. 엄밀하게 말하면 I've made a schedule before가 맞는 표현.

before는 '이전', '~보다 전에'라는 뜻이다.
- I've rode a horse before.
  (이전에 말을 탄 적이 있다.)
- I've been to China before.
  (이전에 중국에 간 적이 있다.)

before the meeting(회의 전에), before winter(겨울이 오기 전에), before the show(쇼가 시작되기 전에) 등과 같이 사용된다.

'사전에 예정표를 만들어 두었어요'라고 말하면서 before를 쓰면,
A. I made a schedule before.
   (이전에 예정표를 만들어 본 적이 있어요.)
B. That's nothing special.
   (그게 뭐 어쨌다고?)
라는 식의 싸늘한 대화가 될 우려가 있다.

'사전에', '미리'라고 말하는 경우에는 earlier를 사용한다.
A. What are we going to do today?
   (오늘 예정은 어떻게 되지?)
B. I made a schedule earlier. Here you are.
   (미리 예정표를 만들어 왔어요. 받으세요.)

Which is right?
정답은 어느 쪽일까요

친구가 어떤 동물을 좋아하는지 묻는다. 개와 고양이 중 어느 쪽이 좋아?

고양이가 좋아.

1 I like cats.

2 I like cat.

잘못 말하면 네이티브에게는 이렇게 들린다

난 고양이 고기를 좋아해!

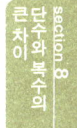

정답 = ①

I like cat? 동물 애호 단체가 가만있지 않을 것!

cat을 단수형으로 I like cat이라고 하면 '고양이 고기가 좋다'라는 뜻으로 받아들여진다. 절대로 이런 표현을 사용하지 말도록 하자. 식용으로 도살된 동물은 불가산명사로 다루어져 I like elephant는 '코끼리 고기를 좋아해', I like dolphin은 '돌고래 고기를 좋아해'라는 뜻이 되어 버린다.

'동물로는 ~가 좋아', '~를 좋아해' 등으로 말할 때는 반드시 복수형으로 표현한다. 단, 구체적으로 한 마리의 동물에 대해 말할 때는 단수 취급을 해도 좋다. I'd like a cat(고양이를 기르고 싶어)과 같은 경우이다.

A. I like cats.
(난 고양이를 좋아해.)
B. Do you have any?
(기르고 있니?)

닭고기인 chicken도 마찬가지다. 이것을 chickens라고 복수형으로 하면 살아 있는 닭을 지칭하는 말이 된다.

A. I like chicken.
(난 닭고기를 좋아해.)
B. It has a lot of protein. It's good for you.
(고단백질 음식이라서 몸에 좋지.)

A. We have chickens in our yard.
(정원에서 닭을 길러.)
B. Are they pets?
(애완용이니?)

Which is right?
정답은 어느 쪽일까요

친구가 처음으로 번지점프에 도전해서 멋진 점프를 경험했다. 돌아와서 '한 번 더 하고 싶어'라고 말하는 친구에게 놀라며 던지는 한마디.

> 너 정말 용감하구나.

1 You have nerve.

2 You have nerves.

잘못 말하면 네이티브에게는 이렇게 들린다

뻔뻔한 여자 같으니!

정답 = ②

스펠 하나 차이로 칭찬이 비난으로 돌변.

You have nerve처럼 nerve를 단수형으로 하면 '뻔뻔한 사람 같으니', '염치없구나'라는 뉘앙스이다. You have some nerve나 Some nerve라고 해도 같은 뜻이다.

A. Who wrote in my dictionary?
(누가 내 사전에 낙서한 거야?)
B. I did. So what?
(난데. 그게 뭐 어쨌다고?)
A. You have nerve.
(뻔뻔한 녀석.)

A. I ate the cake in your refrigerator.
(너희 집 냉장고에 있던 케이크, 내가 먹었어.)
B. Some nerve.
(염치없네.)

nerves라고 복수형을 쓴 You have nerves는 '배짱이 좋구나', '정말 용기 있구나'라는 뜻으로 칭찬하는 말이 된다. You have nerves of steel(너 강철 배짱이구나)을 줄인 형태다.

A. We're not getting a bonus this year.
(올해는 보너스가 없대.)
B. I'm going to speak to the boss.
(내가 상사와 말을 해 볼게.)
A. You have nerves.
(너 정말 용감하구나.)

Which is right?
정답은 어느 쪽일까요

오늘은 휴일이다.
집에만 있기도 심심해서 친구와 영화라도 보러 갈까 한다.

> 영화라도 보러 갈래?

1 Let's go to the movies.

2 Let's go to the movie.

잘못 말하면 네이티브에게는 이렇게 들린다

영화를 보는 쪽으로 하자!

정답 = ①

영화가 한 편이라도 movies를 쓴다.

네이티브는 '영화를 보러 가다'라고 말할 때 go to the movies라는 표현을 자주 사용한다. 보는 영화는 한 편이라도 movies라고 복수형을 사용한다는 것을 잊지 말자.

예전에는 영화를 2편 동시상영했기 때문에 '영화 보러 가자'라고 할 때 movies라고 복수를 쓰는 것이 당연했다. 그리고 그 습관은 단독상영이 일반화된 지금도 변함없이 남아 있게 된 것이다.

- I always go to the movies with my friends on Saturday.
  (토요일은 항상 친구와 영화를 보러 가요.)
- I haven't been to the movies for a long time.
  (벌써 영화 보러 못 간 지 오래됐어.)

단수로 Let's go to the movie라고 하면 묘하게 뉘앙스가 달라진다. 네이티브가 이 말을 들으면 Let's go to the movie and not the play(연극 말고 영화를 보러 가자) 등과 같이 다른 것과 비교해서 말하는 것처럼 들린다.

movie를 단수형으로 말할 거라면 go see a movie라는 표현을 쓰는 것이 일반적이다. 이 말도 네이티브가 자주 사용하는 표현으로, 이 경우에는 '영화를 한 편 보다'라고 한 편으로 한정해서 말하는 의미가 강해진다.

- If you have time, let's go see a movie.
  (시간이 있으면 영화 한 편 보러 가자.)
- We have enough time to see a movie.
  (영화 한 편을 볼 정도의 시간은 있어.)

Which is right?
정답은 어느 쪽일까요

친구 중 돈 많은 남자만을 좋아하는 애가 있다. 사귀던 남자친구의 돈이 없어지면 그와 헤어지고 바로 다른 돈 많은 남자 만나기를 반복하는 그녀. 그녀에게 차이고 풀이 죽어 있는 남자에게 나도 모르게 건넨 한마디.

> 그 애 정말 잔인하구나.

1 She has no feelings.

2 She has no feeling.

잘못 말하면 네이티브에게는 이렇게 들린다

그녀는 신경이 마비돼서 감각이 없어.

정답 = ①

단수형과 복수형. s 하나로 이렇게까지 변한다.

have no feelings는 '잔인하다', '냉정하다', '다른 사람의 마음을 모른다', '동정심이 전혀 없다'라는 뜻의 표현이다. 그런 사람을 경멸하는 마음이 담겨 있는 말이다. 이 경우에는 반드시 feelings라고 s를 붙인다.

A. Is Jack coming to his brother's funeral?
  (잭은 형 장례식에 오니?)
B. No, he refuses.
  (아니, 안 올 거래.)
A. He has no feelings.
  (정말 냉정한 녀석이구나.)

단수형으로 feeling이라고 하면 뜻이 완전히 바뀐다. 이 경우에는 육체적인 감각을 말하고 있는 것이 틀림없다. have no feeling은 '신경이 마비되다', '신경이 마비되어 아무런 감각도 없다'라는 뜻이다. 일반적으로 의료 관계자들이 자주 사용하는 표현.

A. How is my son doing?
  (제 아이의 상태는 어떤가요?)
B. He has no feeling now, but he's gradually getting better.
  (지금은 신경이 마비되어 있지만 점차 회복되고 있습니다.)

참고로, '발이 저리다'는 I have no feeling in my legs라고 하면 된다.

Which is right?
정답은 어느 쪽일까요

그에게서 프로포즈를 받았다. 기뻐하며 친구에게 말하자 '진심이 아닐 거야'라며 찬물을 끼얹는다. 그럴 리가 없어!

> 그 사람 진지한 눈빛이었어.

1 He looked me in the eye.

2 He looked me in the eyes.

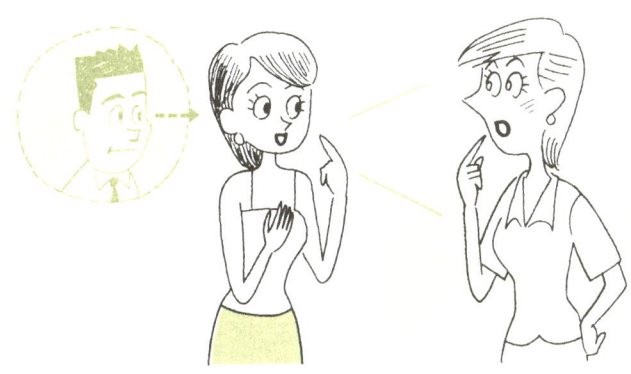

잘못 말하면 네이티브에게는 이렇게 들린다

그가 내 얼굴을 직시했어.

정답 = ②

사랑고백은 look her in the eyes로.

eye를 복수형으로 look someone in the eyes라고 하면 '~의 눈을 가만히 바라보다', '진지한 눈빛으로 바라보다'라는 뜻이 된다. 그러니까 뭔가 진지한 이야기를 할 때의 눈빛이다. I love you(사랑해)라든가 I'm afraid you have cancer(말씀 드리기 어렵지만 암에 걸리셨습니다)라고 말할 때는 이렇게 바라보게 될 것이다.

A. How did your date with Steve go yesterday?
　(어제 스티브와의 데이트는 어땠어?)
B. He looked me in the eyes and said he loved me.
　(가만히 바라보더니 날 사랑한다고 했어.)
A. That's wonderful.
　(잘됐구나.)

한편, eye를 단수로 look someone in the eye라고 하면 '똑바로 보다', '얼굴을 직시하다'라는 뜻이다. 그러니까 '뜨거운 시선'과는 거리가 멀다.

A. Did you eat my pizza?
　(내 피자 먹었어?)
B. No, I didn't.
　(안 먹었어.)
A. Can you look me in the eye and say that?
　(내 눈을 똑바로 보고 말할 수 있어?)
B. Ah, well...
　(어, 그러니까……)

Which is right?
정답은 어느 쪽일까요

친구의 사촌 여동생을 소개받기로 했다. 가슴 두근거리면서 다른 친구와 약속한 장소에 나가 그녀를 찾고 있다.

> 그 애는 긴 갈색 머리래.

1 She has long brown hair.

2 She has long brown hairs.

잘못 말하면 네이티브에게는 이렇게 들린다

그 애는 긴 갈색 머리카락이 몇 가닥 있을 뿐이래!

정답 = ①

hair(머리카락)를 복수형으로 말하면 몇 가닥이 된다.

She has long brown hairs는 네이티브에게는 She has several long brown hairs를 줄여서 말하고 있는 것처럼 들린다. 그러니까 '그녀에게는 몇 가닥의 긴 갈색 머리카락이 나 있을 뿐이야'라는 뉘앙스가 되어 버린다. 이 경우에 여자의 머리에는 쉽게 셀 수 있을 정도의 머리카락밖에 나 있지 않은 것이 된다.

  A. Look at her. She looks stupid.
    (저 여자 좀 봐. 참 멍청해 보여.)
  B. What?
    (뭐라고?)
  A. She has long brown hairs coming out of her nose.
    (콧구멍에서 긴 갈색 털이 몇 가닥 삐져나와 있잖아.)

참고로, 관사 a를 붙여 She has a long brown hair라고 하면 '그녀에게는 긴 갈색 머리카락이 한 가닥밖에 남아 있지 않아'라는 뜻이 된다. You have a hair on your jacket은 '재킷에 머리카락이 한 올 붙어 있어요'라는 뜻이다.

일반적으로 '긴 갈색 머리를 하고 있다'라고 머리 모양이 어떤지를 전하는 경우에는 관사 a나 복수 s를 붙이지 않고 long brown hair라고 한다. She has long brown hair가 '그녀는 긴 갈색 머리를 하고 있다'라는 뜻이 된다.

  A. Where is your cousin?
    (네 사촌은 어디 있니?)
  B. She's over there. She has long brown hair.
    (저기 있어. 긴 갈색 머리를 하고 있어.)

PART II

British English VS American English

그 영어,
영국과 미국에서는
뜻이 완전히 다르다

◎ 똑같은 표현도 영국과 미국에서 다르게 사용한다.

영국영어를 열심히 공부한 사람이 미국에 갔다.
영어는 자신 있다고 속어까지 섞어 가며 말했지만
영국영어와 미국영어는 뜻이 다르다.
상대방은 당황스럽다는 표정을 짓고 있는데……

당신의 미국영어 능력 체크

다음은 어떤 뜻일까요?

I have a flat.

Do you have a rubber?

Can I pinch him for a minute?

Let's get some candy floss.

You're full of beans.

Where is the toilet?

당신의 해석은 미국식일까요, 아니면 영국식일까요?

정답은 본문 안에 있습니다.

갑작스러운 정전에 깜짝 놀랐다. 침착하자, 침착해.
회중전등은 어디 있지?

I need a torch.

회중전등 가져와.

 **횃불 가져와.**

영국에서는 '회중전등'을 torch라고 한다. 미국에서 torch는 불을 붙여서 비출 때 쓰는 '횃불'을 가리킨다. 미국에서 '회중전등'은 flashlight이다.

공원 벤치에서 옆자리에 앉은 남자가 담배를 권한다.

I don't like fags.

담배는 안 좋아해요.

 **동성애자는 싫어해요.**

영국에서 fag는 '담배'이며, 또는 영국식 공립학교에서 '(상급생의 심부름을 하는) 하급생 똘마니'를 가리킨다. 미국에서 fag이라고 했을 때 먼저 떠오르는 것은 faggot(동성애자)이다. '어머, 벌써 눈치 챈 거야?'라며 당황하는 사람도 있을지 모르겠다.

지우개를 안 가지고 왔다.
옆자리에 앉은 매력적인 여성한테서 빌리도록 하자.

Do you have a rubber?

지우개 있어요?

 콘돔 있어요?

영국에서는 지우개를 rubber라고 한다. 하지만 미국에서는 rubber가 콘돔이라는 뜻이며 지우개는 eraser라고 한다. 특히 이성에게 말할 때는 조심하자.

친구 집에 놀러 가서 화장실에 가고 싶은데,
처음 방문한 집이라 어디 있는지를 모른다.

Where is the toilet?

화장실이 어디예요?

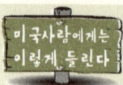 변기는 어디 있어요?

영국에서는 toilet이 화장실을 이르는 말이지만, 미국에서는 '변기'라는 직접적인 뜻으로 사용된다. 미국인에게 Where is the toilet?이라고 물으면 '정말 직접적으로 표현하는구나'라며 깜짝 놀랄 것이다. 미국에서 화장실은 restroom 혹은 bathroom이라고 하는 것이 일반적이다.

'어떤 데서 살고 있어요?'라는 질문을 받고, 자신이 소유하고 있는 집을 자랑하고 싶어졌다.

I have a flat.

아파트를 소유하고 있어요.

 타이어에 펑크가 났어요.

영국에서 flat은 '아파트'란 뜻이다. 미국에서는 그런 뜻으로 쓰이는 일은 거의 없고 flat이라고 하면 '타이어의 펑크'라는 뜻이 된다. 미국에서 아파트는 apartment이다.

늦잠 자는 여자친구를 깨우는 것이 여간 어렵지 않다. 그대로 내버려 두었다간 기차를 놓칠 것 같다.

I knocked her up.

문을 두드려서 깨웠어요.

 그녀를 임신시켰어.

영국에서 knock someone up이라고 하면 '자고 있는 누군가를 문을 두드려서 깨우다'라는 뜻이 된다. 하지만 미국영어에서는 '~를 임신시키다'라는 뜻이다. 속어로는 '배불리다'라는 뉘앙스를 지닌 약간 야만적인 표현이다.

> 짐을 옮겨야 하는데 인력이 부족해서
> 친구의 남자친구 손을 빌리고 싶다.

Can I pinch him for a minute?

네 남자친구를 잠깐 빌려도 될까?

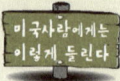 네 남자친구를 좀 꼬집어 봐도 될까?

영국영어의 속어로 pinch는 '잠깐 실례하다', '훔치다'라는 뜻이다. Can I pinch him for a minute?처럼 사람에 대해 말하면 '그를 잠깐 데리고 가도 괜찮아?'라는 뉘앙스가 된다. 미국에서 pinch는 '꼬집다'라는 뜻이다.

> 레스토랑에서 수프를 먹는데 너무 맛있어서 한마디한다.
> 역시 오성 호텔은 뭔가 다르구나!

This soup is scummy.

이 수프 정말 맛있다!

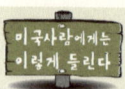 수프에 뭔가 이물질이 들어 있어.

영국인 요리사에게 이렇게 말하면 물론 아주 기뻐할 것이다. 이 단어는 scrumptious(아주 맛있다)와 yummy(맛있다)를 합쳐서 만든 최고의 칭찬이기 때문이다. 하지만 이 말은 미국에서는 통하지 않는다. scum(떠 있는 찌꺼기)과 닮았기 때문에 찌꺼기라도 들어 있어서 불평하는 것으로 생각할 터이다.

미팅을 주선했는데 친구가 '어떤 사람이야?'라고 물어 본다.

He is a brick.

신뢰할 수 있는 남자야.

그는 근육밖에 볼 게 없는 사람이야.

영국에서는 brick 이라면 '신뢰할 수 있는 사람', '누구보다도 신용이 있는 사람'을 뜻한다. 하지만 미국에서는 뜻이 전혀 달라진다. '근육밖에는 볼 것이 없는 사람', '뇌까지 근육이 된, 운동만 하는 바보'라는 뜻의 속어이다. 이 말을 듣고 기뻐하면 영국인, 기분 나빠하면 미국인.

**우리 아빠는 고집스러운 취향이 있어서
허리띠는 절대로 매지 않는다.**

He is always wearing braces.

아빠는 항상 멜빵을 하셔.

아빠는 항상 치열교정기를 하셔.

바지에 착용하는 '멜빵'을 영국에서는 braces라 부르지만, 미국에서는 이빨을 교정하는 '치열교정기'가 된다. 같은 영어라고는 생각하기 힘들 정도로 다르다. 미국에서 멜빵은 suspenders이다.

아기가 울음을 그치지 않는다.
저쪽 방에 있는 가짜 젖꼭지를 가져다달라고 부탁한다.

There is a dummy in the living room.

거실에 가짜 젖꼭지가 있어.

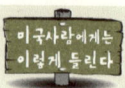 거실에 바보가 있네.

미국과 영국 모두 dummy에는 속어로 '바보'라는 뜻이 있다. 하지만 영국에서는 아기가 가지고 노는 '가짜 젖꼭지'도 dummy이다. 미국영어에서 가짜 젖꼭지는 pacifier이다.

쌍둥이 친구들은 어머니와도 붕어빵처럼 닮았다.
특히 코 부근이 아주 비슷해.

They have hooters like their mother.

저 둘은 코가 어머니랑 빼다박았어.

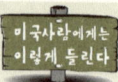 저 둘은 가슴이 어머니랑 빼다박았어.

영국에서 hooter는 속어로 '코'라는 뜻이다. 이것을 미국에서 복수형으로 쓰면 '가슴'(미국에서는 단수형으로는 거의 사용하지 않는다)이라는 뜻이 된다. 잘못 사용하면 Have you seen them naked?(알몸을 본 적이 있는 거야?)라고 쓸데없는 오해를 받을 수 있다.

출산을 앞두고 남편과 함께 쇼핑을 갔다.
먼저 기저귀를 사야겠지?

I need to buy some nappies.

기저귀를 사 두자.

 생리대를 사 두자.

영국에서 nappy는 아기들이 쓰는 '기저귀'를 가리킨다. 하지만 미국에서는 '생리대' 또는 '종이 냅킨'이라는 뜻이 있다. 차이를 모르고 미국인에게 말하면 But you're pregnant, aren't you?(하지만 넌 임신 중이잖아?)라고 이상하게 생각할지도. 미국에서 '기저귀'는 diaper이다.

호텔에서 각자 체크인,
옷을 갈아입고 밑에서 다시 만나기로 했다.

Let's meet on the first floor.

2층에서 만나요.

 1층에서 만나요.

영국에서 빌딩의 1층은 ground floor라고 한다. 2층은 거기서부터 첫 번째 층이기 때문에 first floor이다. 미국에서는 first floor가 1층, second floor가 2층이다. 헷갈린다, 정말!

오늘은 친구를 초대해서 약간 호화로운 저녁식사를 한다.
스테이크에 곁들인 감자튀김도 드세요.

Would you like some chips?

감자튀김도 드세요.

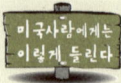 **감자칩은 어떠세요?**

감자튀김을 영국에서는 chips라고 부르지만, 미국에서는 French fries라고 한다. 미국에서 chips라고 하면 감자칩을 말하는 것이다. 참고로, 영국에서 감자칩은 crisps. 좀 복잡하다.

속옷 도둑한테 속옷을 도둑맞았다!!
당연히 경찰에 신고하러 갔다.

Someone stole my pants.

속옷을 도둑맞았어요.

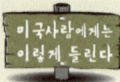 **바지를 도둑맞았어요.**

pants는 영국에서는 '(속옷인) 팬티', 미국에서는 '바지'를 뜻한다. pants를 도둑맞았다고 해도 미국에서라면 '그런 걸 왜 훔친 거야?'라고 이상하게 생각할지도 모르겠다. 영국에서 바지는 'trousers'인데 이 단어는 미국에서는 좀 더 정장에 가까운 바지를 뜻한다.

마트에서 쇼핑을 한다.
오늘은 살 것이 많으니까 카트를 끌고 가자.

Go get a trolley.

쇼핑 카트를 가져와.

 **노면전차를 타고 와.**

영국에서 trolley는 쇼핑할 때 밀고 가는 '쇼핑 카트'를 말한다. 미국에서는 시가지를 달리는 '노면전차'이다. 그 유명한 샌프란시스코의 노면을 달리는 전차가 바로 trolley이다. 하와이의 trolley bus도 유명하다. '쇼핑 카트'의 경우 미국에서는 그대로 shopping cart라고 한다.

이전에 크게 흥행했던 영화가 화제에 올랐다.
그 영화 정말 인기 많았지.

That movie was a bomb.

그 영화 대성공이었지.

 **그 영화 대실패였지.**

bomb은 미국과 영국에서의 뜻이 정반대이다. 영국에서는 '대성공', '대히트' 그러니까 success라는 뜻이지만, 미국에서는 '대실패'로 disaster라는 뜻이 된다.

> 친구의 부인은 가사일에 있어서는 완벽한 듯 보인다.
> 그런 모습에 감동하면서 친구에게 하는 말.

Your wife is very homely.

부인이 정말 가정적이구나.

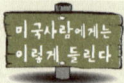 **부인이 정말 못생겼구나.**

homely가 가정적이라는 뜻의 칭찬하는 말이 되는 것은 영국식 영어이다. 미국에서는 '못생긴'이라는 뜻. 상대방이 미국인 부부였다면 큰 싸움이 났을지도 모른다. 미국에서 '가정적인'은 domestic을 사용한다.

> 일이 없는 날에 친구와 길에서 마주쳤다.
> '오늘 쉬니?'라고 묻는 친구에게.

Today is a holiday.

오늘은 회사가 쉬는 날이야.

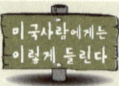 **오늘은 경축일이니까 쉬는 날이잖아.**

영국에서는 경축일이나 주말, 직장의 정기휴일도 모두 holiday라고 하면 된다. 하지만 미국에서 holiday는 '경축일'을 뜻한다. 참고로, 영국에서 '경축일'은 public holiday. 미국에서 보통의 휴일은 day-off라고 한다.

**술을 입에 달고 사는 친구에 대해 이야기하고 있다.
그 녀석한테는 정말 질렸어.**

He is a piss-artist.

그 녀석은 술고래야.

 **그 녀석은 오줌으로 작품을 만들어.**

piss-artist는 영국 속어로 '알코올중독자', '술고래'라는 뜻이다. 미국에서 이렇게 말하면 눈 위에 오줌(piss)을 누는 것을 좋아하는 취미를 가진 사람으로 여겨진다.

다함께 모여서 티타임을 갖고 있다. 그럼 케이크는 내가 자를게.

Shall I be Mother?

내가 자를까?

 **내가 엄마 역할을 할게.**

영국에서는 티타임에 차를 따르거나 케이크를 자르는 역할을 하는 사람을 남녀 상관없이 Mother라고 한다. 미국에서는 이런 식으로 말하지 않는다. 소꿉놀이에서 '내가 엄마 역할을 하겠다'라고 말하는 것으로 들린다. 미국에서 그런 뜻으로 말하고 싶다면 Would you like me to serve?라고 하면 된다.

오늘은 가족끼리 고기구이를 해서 브런치를 먹는다.
친구도 불러 보자.

Would you care to join us for a joint?

고기구이라도 함께 먹지 않을래?

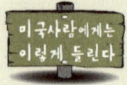 **마리화나라도 함께 하지 않을래?**

영국에서는 새끼양이나 뼈가 붙은 돼지고기를 구운 요리를 joint라고 한다. 휴일에 이 요리를 가족끼리 먹는 것을 Sunday joint라고 하며 이는 영국의 전통적인 습관이다. 미국에서 joint라고 하면 '마리화나'를 가리킨다. 미국에서는 '고기구이'를 roast라고 한다.

카니발에 왔다. 맛있는 음식도 줄줄이 늘어서 있다.

Let's get some candy floss.

솜사탕 사 먹자.

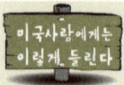 **치실을 사자.**

영국에서는 '솜사탕'을 candy floss라고 하며 미국에서는 cotton candy라고 한다. 미국인은 floss에 대해 이빨을 청소하는 '치실'을 상상하기 때문에 At the drugstore?(약국에서?)라는 답변이 돌아올지도 모르겠다.

**열심히 일한 보람이 있어서 승급하게 되었다.
기뻐하며 여자친구에게도 바로 알리러 갔다.**

I got a rise.

승급했어.

 발기됐어.

이 경우에 미국식 영어는 rise가 아니라 raise를 사용해서 I got a raise라고 한다. rise라고 말하면 '발기하다'라는 엉뚱한 뜻이 된다. get a rise out of...(~를 화나게 하다, 흥분시키다)는 미국에서 자주 사용하는 숙어이다.

**겨우 휴가를 내어 뉴욕에 가게 되었다.
여행사에 전화해서 항공권을 샀다.**

I'd like a return ticket for New York.

뉴욕까지의 왕복 항공권을 주세요.

 뉴욕에서 돌아오는 티켓을 주세요.

영국에서 '왕복권'은 return ticket이다. 미국에서는 보통 round-trip ticket이라고 한다. 따라서 영국식으로 You can get a return ticket for a single fair(편도 요금으로 왕복 항공권을 살 수 있습니다)라고 말해도 미국사람은 뭐가 이득인지 모를 것이다.

> 복권이 당첨될 줄이야!
> 몇 번이고 몇 번이고 당첨 번호를 확인했다.
>
> **Blow me!**
> --
> 믿기지 않아!

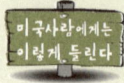 **펠라티오를 해!**

영국에서 Blow me!는 놀랐을 때 하는 말이다. 미국에서도 Blow me down!(못 믿겠어!)이라는 표현이 있으나 Blow me!라고 말하지는 않는다. blow job(펠라티오)을 연상시키므로 '펠라티오를 해'라는 뜻으로 받아들여질 위험이 있다.

> 고생해서 완성한 프라모델을 실수로 밟아서 부수어 버렸다.
> 1개월간의 노력이 물거품.
>
> **I cocked up.**
> --
> 허사가 됐어.

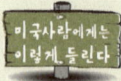 **거기가 섰어.**

cock up은 영국에서는 널리 알려진 속어로 '허사가 되다', '일이 틀어졌다'라는 뜻이다. 미국에서는 그다지 사용하지 않는 표현이라서 남성의 몸의 일부분이 반응했다는 말로 들릴 우려가 있다.

새 차를 구입했다. 친구들에게 보여 주면서 자랑하는 말.

This car is dear.

이 차 비싼 거야.

 이 차 너무 사랑스러워.

dear는 영국에서 '값이 비싼', '고가의'라는 뜻이나, 미국에서는 '소중한', '사랑스러운'이라는 뜻이다. wonderful에 가까운 뜻이다. 따라서 This car is dear라는 말을 들어도 미국인의 귀에는 자랑으로 들리지 않는다.

정원에서 또 고양이의 분노가 발견되었다. 꼭 잡고 말 테야!

Where is that bloody cat?

이 놈의 고양이 어디 있는 거야?

 그 피투성이 고양이는 어디 있지?

영국에서 bloody는 놀라움과 분노의 표현을 강조할 때 쓰는 말. bloody marvelous(아주 훌륭하다), bloody awful(처참하다)과 같은 경우에 사용된다. 미국에서는 이런 표현은 일반적이지 않으므로 '피투성이 고양이'를 떠올리게 된다.

기운이 없는 나와 다르게 친구는 항상 활기차 보인다.

You're full of beans.

항상 기운이 넘치는구나.

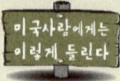 **아무렇게나 말하지 마!**

full of beans는 영국에서는 '기운찬'이라는 뜻으로 full of energy와 같은 말이다. 미국에서는 '되는 대로 말하는'이라는 뜻이다. 그러니까 full of shit라고 말하고 있는 것과 마찬가지다. You're full of shit는 '네가 하는 말은 다 엉터리야'의 뜻.

말도 안 되는 소문이 돌아서 폭발하기 일보 직전이다.
누가 그런 소문을 낸 거지?

That rumor is total crap.

그 소문은 완전히 말도 안 돼.

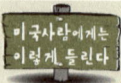 **그 소문은 완전히 개소리야.**

영국과 미국 모두 crap은 '넌센스', '엉터리'로 기본적인 뜻이 같다. 하지만 영국인과 미국인이 받는 느낌에는 큰 차이가 있다. 영국에서는 그다지 저급하게 들리지 않지만, 미국에서는 아주 품위 없고 몰상식한 느낌을 준다.

개를 사려고 애완동물 가게 점원에게 자신이 찾고 있는 개가 있는지 물어 본다.

Do you do dogs?

개도 팔아요?

 **너 개하고 하니?**

이 표현은 영국에서는 Do you sell dogs?라고 말하는 것과 같다. 하지만 미국에서는 뉘앙스가 완전히 변한다. Do you do…?에 Do you have sex with…?의 뉘앙스가 내포되어 말도 안 되는 오해를 부를 수 있다. What the hell are you talking about?(무슨 소리 하는 거야?)라고 놀랄지도 모른다.

친구 앞에서 참지 못하고 방귀가 나와 버렸다. 아, 구멍이라도 있으면 숨고 싶다!

Pardon me.

(방귀 뀌어서) 미안.

 **뭐라고요?**

영국에서는 방귀를 뀌거나 트림을 했을 때 Pardon me라고 사과하는 것이 일반적이다. 하지만 미국에서는 '뭐라고요?'라고 되물을 때 자주 사용하며 방귀 뀐 것을 사과할 때는 거의 사용하지 않는다. 미국이라면 이런 상황에서 Excuse me라고 한다.

역자 양영철은

도키와대학 커뮤니케이션학과를 졸업하고 드폴대학 대학원을 수료했으며, 현재는 전문번역가로 활동하고 있다. 역서에는 〈그 영어, 네이티브에게는 이렇게 들린다-1~3편〉〈웃음은 빙산도 녹인다〉〈화젯거리를 만들어라〉〈회의 반으로 줄이고 두 배로 잘하는 법〉〈시나리오 씽킹〉 등이 있다.

그 영어, 네이티브에게는 이렇게 들린다 · 5

1판 1쇄 인쇄 / 2007년 12월 20일
1판 2쇄 발행 / 2009년 8월 10일
2판 1쇄 발행 / 2016년 6월 20일

지은이 _ David A. Thayne, Koike Nobutaka
옮긴이 _ 양영철
발행인 _ 이현숙
발행처 _ 북스넛
등록 _ 제2016-000065호
주소 _ 경기도 고양시 일산동구 호수로 662 삼성라끄빌 442호
전화 _ 02-325-2505
팩스 _ 02-325-2506
이메일 _ booksnut2505@naver.com
ISBN 89-91186-32-7 03740

How Your English Sounds to Native Speakers · 5
Originally Published in Japan by Shufunotomo Co., Ltd. Tokyo
Copyright ⓒ 2005 A TO Z., Ltd.
Korean Translation Copyright ⓒ 2007 by BooksNUT

• 이 책의 한국어판 저작권은 PLS를 통해 슈후노토모사와 독점 계약한 북스넛에 있습니다.
• 저작권법에 의해 한국에서 보호받는 저작물이므로 무단 전재와 복제를 금합니다.